红色广东丛书

广东中央苏区

饶平革命简史

中共广东省委党史研究室
中共饶平县委党史研究室 编著

SPM
南方出版传媒
广东人民出版社
·广州·

图书在版编目（CIP）数据

广东中央苏区饶平革命简史 / 中共广东省委党史研究室，中共饶平县委党史研究室编著. —广州：广东人民出版社，2021.6
（红色广东丛书）
ISBN 978-7-218-15032-1

Ⅰ. ①广… Ⅱ. ①中… ②中… Ⅲ. ①中央苏区—革命史—饶平县 Ⅳ. ① K269.4

中国版本图书馆 CIP 数据核字（2021）第 101150 号

GUANGDONG ZHONGYANG SUQU RAOPING GEMING JIANSHI

广东中央苏区饶平革命简史

中共广东省委党史研究室
中共饶平县委党史研究室　编著

出 版 人：肖风华

责任编辑：易建鹏
封面设计：河马设计　李卓琪
责任技编：吴彦斌　周星奎
排版制作：广州市广知园科技有限公司

出版发行：广东人民出版社
地　　址：广州市海珠区新港西路 204 号 2 号楼（邮政编码：510300）
电　　话：（020）85716809（总编室）
传　　真：（020）85716872
网　　址：http://www.gdpph.com
印　　刷：广东鹏腾宇文化创新有限公司
开　　本：787 mm × 1092 mm　1/16
印　　张：8.5　　　　字　数：89 千
版　　次：2021 年 6 月第 1 版
印　　次：2021 年 6 月第 1 次印刷
定　　价：38.00 元

如发现印装质量问题，影响阅读，请与出版社（020 − 85716849）联系调换。
售书热线：（020）85716826

《红色广东丛书》编委会

主　编：陈建文

副主编：崔朝阳　李　斌　杨建伟　谭君铁

编　委：（以姓氏笔画为序）

王　涛　刘子健　肖风华　沈成飞

陈　飞　陈春华　林盛根　易　立

钟永宁　徐东华　郭松延　黄振位

曾庆榴　谢　涛　谢石南

《广东中央苏区革命简史》编委会

主　任：陈春华

副主任：刘　敏　邓文庆

编　委：姚意军　张启良

《广东中央苏区饶平革命简史》编辑部

主　编：林汉利

副主编：王树标

总　序

　　百年征程波澜壮阔，百年大党风华正茂。习近平总书记在党史学习教育动员大会上指出："我们党的一百年，是矢志践行初心使命的一百年，是筚路蓝缕奠基立业的一百年，是创造辉煌开辟未来的一百年。"翻开风云激荡的百年党史，一代又一代中国共产党人，用鲜血和生命浸染了党旗国旗的鲜亮红色，书写了可歌可泣的历史篇章，铸就了彪炳史册的丰功伟绩。一百年来，党的红色薪火代代相传，革命精神历久弥坚，红色基因已深深根植于共产党人的血脉之中，成为我们党坚守初心、永葆本色的生命密码。

　　广东是一片红色的热土，不仅是近代民主革命的策源地，也是国内最早传播马克思主义、最早成立共产党早期组织的省份之一。在新民主主义革命的漫长历程中，广东党组织在中共中央的领导下，发动、组织和领导广东人民开展了一系列广泛而深远的革命斗争。1921 年，广东党组织成立后，积极开展工人运动、青年运动，并点燃农民运动星火。

第一、二、三次全国劳动大会连续在广州召开，全国工人运动的领导机关——中华全国总工会在广州诞生。中国社会主义青年团第一次全国代表大会在广州召开，促进了全国团组织的建立、发展。在"农民运动大王"彭湃领导下，农潮突起海陆丰影响全国。

1923年，中共中央机关一度迁至广州，中国共产党第三次全国代表大会在广州召开，推动形成了第一次国共合作，建立了国民革命联合战线，掀起了大革命的洪流。随后，在共产党人的建议下，黄埔军校在广州创办，周恩来等共产党人为军校的政治工作和政治教育作出了重要贡献，中国共产党也从黄埔军校开始探索从事军事活动。在共产党人的提议下，农民运动讲习所在广州开办，先后由彭湃、阮啸仙、毛泽东等共产党人主持，红色火种迅速播撒全国。1925年，广州和香港爆发省港大罢工，声援五卅运动，成为大革命高潮时期一个十分引人注目的重要斗争。1926年，在统一广东革命根据地后，国民革命军在广州誓师北伐，以共产党员为骨干的北伐先锋叶挺独立团所向披靡，铸就了铁军威名。在北伐战争胜利推进的同时，广东共产党组织和党领导的革命队伍迅速扩大和发展，全省工农群众运动也随之进入高潮。

1927年"四一二"反革命政变以后，广东共产党组织在全国较早打响反抗国民党反动派血腥屠杀的枪声，广州起义与南昌起义、秋收起义一起，成为中国共产党独立领导中国革命、创建人民军队的伟大开端。随后，广东党组织积极探索推进工农武装割据，在海陆丰建立第一个县级苏维埃政权，并率先开展土地革命，开启了中国共产党领导人民进行的最重大的社会变革。与此同时，广东中央苏区逐步创建和发展起来，为中国革命的发展作出了不可磨灭的贡献。1931年，连接上海中共中央机关与中央苏区的中央红色交通线开辟，交通线主干道穿越汕头、大埔，成功转移了一大批党的重要领导，传送了重要文件和物资，成为土地革命战争时期党的红色血脉。1934年，中央红军开始了举世瞩目的长征，广东是中央红军从中央苏区腹地实施战略转移后进入的第一个省份，中央红军在粤北转战 21 天，打开了继续前进的通道，成功走向最后的胜利。留守红军在赣粤边、闽粤边和琼崖地区进行了艰苦卓绝的游击战争，高举红旗永不倒。

抗战全面爆发后，中共中央和中共中央长江局、南方局十分重视和加强对广东党组织的领导，选派了张文彬等大批干部到广东工作。日军侵入广东以后，广东党组织奋起领导广东人民开展敌后抗日游击战争，成立了东江纵队、琼崖纵队、珠江纵队、广东人民抗日解放军、南路人民抗日解放军和韩江纵队等抗日武装，转战南粤辽阔大地，战斗足迹遍及 70 多个县市。华南敌后战场成为全国三大敌后抗日战场之一，党领导的广东人民抗日武装被誉为华南抗战的中流砥柱。香港沦陷以后，在中共中央的领导和周恩来等人的精心策划安排下，广东党组织冲破日军控制封锁，成功开展文化名人秘密大营救，将 800 多名被困香港的文化名人、爱国民主人士及家眷、国际友人等平安护送到大后方，书写了抗战史上的光辉一页。

解放战争时期，在中共中央的领导下，华南地区大力开展武装斗争，开辟出以广东为中心的七大块游击根据地，成立了中国人民解放军琼崖纵队、粤赣湘边纵队、闽粤赣边纵队、桂滇黔边纵队、粤中纵队、粤桂边纵队和粤桂湘边纵队等人民武装，其中仅广东武装部队就达到 8 万多人，相继解放了广东大部分农村，在全省 1/3 地区建立起人民政权，为广东和华南的解放创造了有利条件。在广东党组织的配合下，人民解放军南下大军发起解放广东之役，胜利的旗帜很快插遍祖国南疆。

革命烽火路，红星照南粤。广东见证了中国共产党从新生到大革命、土地革命，再到抗日战争、解放战争等革命斗争全过程。其间，毛泽东、周恩来、刘少奇、朱德、邓小平、叶剑英、彭德怀、刘伯承、贺龙、陈毅、聂荣臻、徐向前、李富春、粟裕、陈赓等老一辈革命家和李大钊、蔡和森、瞿秋白、陈延年、彭湃、叶挺、杨殷、邓发、张太雷、苏兆征、杨匏安、罗登贤、邓中夏、恽代英、萧楚女、阮啸仙、张文彬、左权、刘志丹、赵尚志等一大批革命先烈都在广东战斗过，千千万万广东优秀儿女也在革命斗争中抛头颅、洒热血，留下了光照千秋的革命历史和革命精神。广东这片红色热土，老区苏区遍布全省，大大小小的革命遗址分布各地，留下了宝贵而丰厚的红色文化历史遗产。

习近平总书记强调，中国革命历史是最好的营养剂。重温这部伟大历史能够受到党的初心使命、性质宗旨、理想信念的生动教育，必须铭记光辉历史、传承红色基因。我们有责任把党领导广东人民进行革命斗争的光辉历史和伟大功绩研究深、挖掘透、展示好，全面呈现广东红色文化历史，更好地以史铸魂、教育后人，让全省人民在缅怀英烈、铭记历史中汲取砥砺奋进的强大力量，让人们深刻认识红色政权来之不易，新中国来之不易，中国特色社会主义来之不易，确保红色江山的旗帜永远高高飘扬。

为充分挖掘广东红色文化资源的丰富内涵，我们组织省内党史、党校、社科、高校等专家学者，集智聚力分批次编写《红色广东丛书》。丛书按照点面结合、时空结合、雅俗结合原则，分为总论、人物、事件、地区、教育五个版块。总论版块图书，主要综述中国共产党在广东的革命斗争历史概况，人物版块图书主要讴歌广东红色人物，事件版块图书主要论说党领导广东人民开展革命斗争的历史事件，地区版块图书从地市和历史专题角度梳理广东地域红色文化，教育版块图书着力打造面向青少年及党员的红色主题教材。丛书以相关的文物、文献、档案、史料为依据，对近些年来广东红色文化资源研究成果做了一次全面系统梳理，我们希望这套丛书能为党史学习教育、革命传统教育、爱国主义教育提供重要内容支撑。

一切向前走，都不能忘记走过的路，走得再远、走到再光辉的未来，也不能忘记走过的过去，不能忘记为什么出发。站在"两个一百年"的历史交汇点上，我们要更加坚定自觉地学史明理、学史增信、学史崇德、学史力行，赓续红色血脉，传承红色基因，以一往无前的奋斗姿态、风雨无阻的精神状态，推动广东在全面建设社会主义现代化国家新征程中走在全国前列、创造新的辉煌。

《红色广东丛书》编委会

2021 年 6 月

1926年，饶平县黄冈举行五四运动纪念大会（饶平县档案馆　提供）

1926年1月，中共饶平县支部在饶城成立。图为成立旧址——三饶镇东巷邱厝祠西侧林氏试馆

1927年7月，中共饶平县委员会在上饶区大陂楼成立。图为饶洋镇祠东大陂楼

1927年10月7日，朱德在茂芝全德学校召开团以上干部军事决策会议，做出"穿山西进，直奔湘南"的战略决策。图为上饶茂芝全德学校（20世纪80年代）

　　1929 年 10 月，红军第六军第十六师四十八团在上善红岩场岩下村成立。图为
1989 年的岩下村

　　土地革命战争时期，中共饶和埔诏县委机关驻地——建饶镇白花洋村上禾埕祠堂

土地革命战争时期，饶平、平和、大埔、诏安四县人民在中国共产党的领导下，创建了饶和埔诏苏区，是中央苏区的重要组成部分。图为饶和埔诏县苏维埃政府铜质印章，现藏于福建省博物馆

1949年10月，饶城军民举行庆祝解放游行活动

目　录

第二章 土地革命战争时期

第四章 解放战争时期

后 记

前　言

　　饶平县位于广东省最东部，扼闽粤交通要冲，与福建省的诏安县、平和县，广东省的梅州市大埔县，潮州市潮安区、湘桥区，汕头市澄海区、南澳县相邻。

　　饶平是闽粤边较早建立中共地方组织的县。1926年1月，饶平境内成立了中国共产党饶平县支部；11月，发展成立中共饶平县部委。中共饶平县地方党组织成立后，便着手筹建革命武装，开展革命活动，包括攻打饶平县城、浮山暴动、支援大埔县高陂暴动与福建平和暴动等一系列武装斗争，闽粤边的革命力量在饶平境内逐渐聚集壮大，初步形成红色割据局面。当年10月，朱德率领南昌起义军2000多人抵达饶平，支援饶平农军攻克饶平县城。接着，在茂芝全德学校召开军事会议，决定继续高举八一南昌起义军旗帜，并作出"穿山西进，直奔湘南"的战略决策。这支完整成建制的军队，经过赣南三整，在湘南暴动后，于1928年4月到达井冈山，与毛泽东领导的秋收起义军胜利会师，整编为工农红军第四军。

　　在土地革命战争时期，特别是在饶平苏区创建过程中，中共饶平县委领导并成立革命武装，开展了革命武装斗争，实行武装割据，进行了土地革命，出现"收拾金瓯一片，分田分地真忙"的喜人景象。1931年以后，饶平境内形成了由饶和埔诏县委领导的苏区和由潮澄饶县委领导的浮凤苏区。这是闽西特委和东江特委领导下苏区中坚持时间较长的两片苏区。饶平苏区在中央苏区范围内的重要性不断体现，在拓展红色交通线，输送物资和人员，创建医疗合作社、军械所，联络海外华侨等方面作出了重要贡献，成为中央革命根据地和闽粤赣革命根据地的重要组成部分。1934年10月中央红军长征以后，在中共闽粤边区特委的领导下，饶平人民又坚持艰苦曲折的三年游击战争。可以说，饶平境内烽火十年，斗争不息，红旗不倒。

在八年的全面抗日战争中，饶平党组织通过青抗会，在全县掀起了群众性的抗日救亡运动。1939年6月以后，潮汕部分地区沦陷，国民党顽固派又挑起了反共摩擦。饶平党组织一方面在潮澄饶沦陷区里开展敌后武装斗争；一方面在国民党统治区域内贯彻"隐蔽精干，长期埋伏，积蓄力量，以待时机"的方针，转入隐蔽斗争，建立了隆都、饶中、樟溪、凤凰、沿海等五片隐蔽斗争基地和交通线点，为党组织保存了大批的革命力量，沟通沦陷区党组织和潮梅党组织留守机关之间的联系。

在解放战争中，党组织以反对国民党的征兵、征粮、征税为内容，建立抗征队，发动广大人民群众，开展广泛的游击斗争。至1949年初，在饶平境内建立了由中共韩江地委领导的凤凰山解放区，同时开辟了上饶、附城、饶中、隆都、东界五片游击区。

革命武装不断摧毁国民党地方武装据点，取得节节胜利。特别是1949年7月7日攻克饶平县城一役，掀开了潮澄饶澳地区解放县城的序幕。同年12月，平定吴大柴叛军，一举解放了浮山、黄冈及沿海各地。1950年1月9日解放海山岛，至此，饶平全境解放。饶平人民完成了新民主主义革命的历史任务。

第一章

大革命时期

第一节　中共饶平县支部成立及工农运动

1919年5月4日，中国人民所进行的反帝反封建的爱国运动，翻开了中国新民主主义革命新篇章。1921年7月，中国共产党成立，一支代表中国前进方向的力量诞生了。随着革命形势的迅速发展，饶平于1926年1月成立中共地方组织。在中国共产党的直接领导下，饶平人民进行了轰轰烈烈的新民主主义革命斗争，直到1950年1月全县彻底解放。

一、中共饶平县支部的成立和党团组织的发展

1925年3月，东征军胜利进入潮汕。在周恩来的领导下，一批中共党团骨干进入潮汕地区，宣传进步思想，了解人民疾苦，与当地革命分子结合起来，为潮汕党团组织的建立奠定了基础。此时，饶平在广州、汕头、潮州等地读书的林琼璜等人，在外地加入共产党，先后回到饶平领导工农运动。11月，广东革命军第二次东征，迅速歼灭军阀陈炯明残部。12月，中共潮梅特委诞生。

在工农革命运动迅速发展的形势下，1926年1月间，中共饶平县支部于饶城成立。支部有林琼璜、黄世平、杨沛霖、林逸响、詹天锡、詹宗鲁等六名党员，支部书记林琼璜。

中共饶平县支部成立后，成为全县工农运动的领导核心。1926年春，支部成员分赴各地领导工农运动。林琼璜驻饶城，领导饶城郊区的农民运动，筹备成立县农民协会，并协助指导上饶区农运工作。黄世平负责领导全县工人运动，做好中华工会饶平分会的改组工作，筹备成立饶平县总工会，并协助指导浮山区的农运工作。林逸响、詹宗鲁驻上饶，负责上饶区的农运工作。杨沛霖驻黄冈，负责黄冈及沿海的农运工作。詹天锡分工到隆都区，于后沟一带乡村开展农民运动。

1926年1月15日，广东省农会潮梅海陆丰办事处在汕头成立。不久，共产党员王兆周以特派员身份到饶平协助农运工作。四五月间，中共汕头地委派杜式哲到饶平协助发展党团组织，加强农运领导。杜式哲抵饶平后，在林琼璜、黄世平的陪同下，先后到饶城郊区、上饶、浮山等地指导农运工作，在运动中吸收张修省等一批优秀骨干入党。至是年6月，全县党员由6名增至18名。

在积极扩大党组织的同时，共青团组织也得到发展。1926年4月，共青团汕头地委派黄连渊来饶平组建团组织。黄连渊抵黄冈后，在杨沛霖的协助下，于饶平二中吸收青年学生周卓夫、余肇辉、罗海梧、余鹤腾、林书瑞、张骅六人入团。林琼璜等在饶城吸收廖静波、林纪元、詹炳光等入团。至4月底，全县已有团员16名，遂成立共青团饶平支部，书记黄连渊。

二、工农运动蓬勃发展

在中共饶平县支部的领导下，全县工农运动迅猛发展。

工人运动方面，至 1926 年 2 月底，除饶城、黄冈各行业工会继续壮大外，新丰九村成立瓷业工会，东界、海山成立晒盐工会，浮山木船工会和洪洲轮渡工会也相继成立。此时，饶平各行业工会会员达 3000 多人。1926 年 3 月 8 日，在饶城召开饶平县第二次工人代表大会。会议根据上级指示，将中华工会饶平分会改组为饶平县总工会，黄世平当选为总工会主席。大会发表了《中华工会饶平分会改组宣言》。中共汕头地委派到饶平指导工人运动的朱叟林，也参加了饶平县总工会成立大会。

饶平县总工会成立后，在黄冈成立饶平县总工会饶南办事处，主任洪友雪，同时成立岭东轮渡总工会饶南办事处，主任余肇辉。4 月初，黄冈工人纠察队成立，队长黄平章，全队 50 多人，拥有步枪 20 多支。工人纠察队在保护工人利益、维护社会治安上起了一定作用，成为饶南人民反帝反封建的一支武装力量。

农民运动方面，饶平北部的上饶、饶城两区，是全县农运发展较快的地区。党支部派党员林逸响、詹宗鲁与农运骨干廖静波、林纪元、刘云从、詹炳光、詹籍任等到各乡村发动农民组织农会。至 1926 年 2 月，上饶区的二祠、水口、石井、茂芝、岭案、双善等乡村都建立了农民协会；并于新丰下祠堂召开上饶区农民代表大会，成立上饶区农民协会。

1925 年秋，张修省、何存真等在饶平中部的浮山区何厝华春庵培训农运骨干，于同年冬成立何厝村农会。之后，张修省、陈光辉、杨奇峰、余定梓等各自在家乡组织农会。1926 年春，东洋、浮山、东官、荔林、长教等村先后成立农会。接着，张修省、何存真又到闽粤交界的双罗、胡岭（今湖岭村）、渔村等山区组织农会。至 4 月，浮山区已建立 14 个乡村农会。4 月下旬，浮山区农会成立，会址设浮山圩胡厝祠。

1926 年春，共产党员杨沛霖率周卓夫、许乃广、张西山、张步云、林荫棠等深入黄冈及沿海一带乡村宣传发动。至 4 月，霞绕、上新村（碧岗）、步上、龙眼城等村成立农会。

至 1926 年 4 月底，饶平县饶城、上饶、浮山 3 个区和 33 个乡成立了农会。同月，在饶城林厝祠召开第一次农民代表会议，正式成立饶平县农民协会，选举林琼璜为会长、张伯良（饶城区下寨村农会骨干）为广东省第二次农民代表大会代表。县农会成立后，派县农会骨干廖静波到黄冈负责农运工作，在黄冈的凤岗公所筹建饶南农民协会。这时，黄冈郊区的霞绕、碧岗、仙春、内寮、林厝埭等乡村都成立了农会。下半年，全县各乡村初步掀起减租减息的斗争。

5 月 12 日，饶平县总工会和县农民协会发动饶城工农商学各界 3000 多人，于饶城后马房广场召开驱逐饶平县长蔡田的大会。会上，各界代表揭露蔡田贪赃枉法劣迹，通过《驱蔡宣言》，并致电广东省政府，要求究办蔡田。会后，群众推选林琼璜、黄世平、廖静波、林纪元为代表，率请愿队伍到县政府请愿。黄冈的县立第二中学师生及各行业工人，也于当天在大衙广场召开 1000 多人的驱蔡大会，举行示威游行。浮山区也召集浮山、东官、荔林、长教、胡岭等 14 个乡村的农会会员和各校师生集中在浮山埠举行驱蔡大会。不久，广东省政府将蔡田以"被控藐视党务"等十罪革职究办。

驱蔡运动胜利后，全县农村革命气氛更加活跃。在黄冈，廖静波以霞绕为重点，进一步在区北（今联饶）、寨上、竹林、山门、里和睦、内寮、下浮山等村建立农会，并于黄冈凤岗公所成立饶南区农民协会。1926 年下半年，饶城、黄冈、隆都等地相继展开打击地主豪绅的斗争。

三、饶平农军参加葵坑口阻击战

农民运动的蓬勃发展，引起豪绅地主的恐惧和反对。为保护农民的合法权益，以打击豪绅地主的进攻，中共饶平县支部和饶平县农民协会根据中共广东区委关于"组织农民自卫军"的指示，于 1926 年下半年着手在全县建立农民自卫军。

为支持国民革命军北伐，协助阻击北洋军队入侵潮汕，中共饶平县支部党员杜式哲、林琼璜、詹宗鲁等奔走各区乡，动员扩大农军，筹集武器弹药，准备随时战斗。同年 10 月初，国民革命军独立四师张贞部于福建平和县与闽军第一师张毅部交战，独立四师受挫，退入饶平。张毅部尾随追逼。10月8日，张毅部先头部队抵上饶茂芝，局势危急。是日，林琼璜、詹宗鲁于新丰召开各乡农会骨干会议，组织新丰农军助战团，预备武器、旗帜，并派代表深夜到独立四师第二团团部商定配合作战方案。10日，下新丰等乡农会召开紧急会议，决定扩大助战团。水口、二祠、九村、石井等乡村还发动农会会员制纸旗、带鞭炮和铜锣助威。11日，张毅部队由茂芝向前移动，新丰、九村、二祠、水口、石井埔下楼等乡村农军四五百人齐集于笔架山下，按作战部署进入阵地埋伏。12日晨，国民革命军独立四师二团于葵坑口阻击张毅部。枪声打响后，农军即分头包抄闽军侧翼及背后。在农军手执牌刀、药枪，扛着火炮，发起冲锋的同时，新丰、水口、二祠、九村、石井等乡群众1000多人，站在山头摇旗呐喊，擂鼓助威，还将鞭炮放在煤油箱里点燃，造成机关枪声的效果。一时枪炮声、锣鼓声、呐喊声震荡山谷。张毅部队受到突如其来的冲击，晕头转向，心惊胆寒，乱了阵脚。是时，由詹光国、詹自强等40多人组成的新丰农军助战团，每人手持一柄牌刀，配合国民革命军二团八连战士，冲入敌阵。在岩头崠肉搏战中，农军砍杀北洋军数十人，缴获枪支数十杆。农军舍生忘死的精神和冲锋陷阵的气势，吓得北洋军队惊慌失措，败退茂芝。不久，张毅获悉国民革命军已陷永定，北洋军左、中两路均告惨败，遂率部退入漳州。葵坑口阻击战取得胜利。

第二节 中共饶平县部委成立后的形势

一、中共饶平县部委成立

1926年下半年，中共饶平县支部在工农运动中吸收刘瑞光等一批优秀骨干入党，詹炳光、廖静波、周卓夫等共青团员转为党员。党员余登仁（原名丁瀛）、詹前锋分别从上海、北京回乡，参加了饶平党支部。张碧光（又名宏昌，广东蕉岭县人）受上级党组织派遣，到饶平第一中学任教，也参加支部工作。至10月止，全县党员由上半年18名增至78名，分别在新丰、饶城郊区、浮山、黄冈等地建立了8个党小组（1926年秋，隆都党组织划归澄海县党组织领导）。根据上级指示，为发展国共合作的革命统一战线，饶平党支部派杨沛霖、詹前锋帮助国民党饶平县党部的改组工作。杨沛霖担任改组委员。

为加强党的建设和对工农运动的领导，1926年11月，在饶城成立中共饶平县部委，书记林琮璜。随着党员人数的增加和革命形势的需要，新丰、九村、龙潭角、茂贝、饶城、浮山、黄冈建立了党支部。

中共饶平县部委成立后，抓紧健全和发展农民协会，举办农民自卫军模范队训练班，培养农军骨干，进一步壮大农军队伍，推动了工人、青年和妇女运动的发展。

二、举办农民自卫军训练班

为提高农军的政治军事素质，饶平县农民协会决定举办县农民自卫军模范队训练班。

1926年11月中旬，在省农会派来的农军训练员王思静的协助下，于饶城詹厝祠举办训练班。参加训练班的学员共46名，由上饶、饶城、浮山等区农会选派思想觉悟较高、斗争坚决的农军或农会会员参加。训练时间4个月，至1927年3月初结业。训练班的教员除王思静，还有林琼璜、王兆周、李芳柏、周子为和县农会的林纪元、陆冠伍等。训练班每天实行二操二讲制，即军事训练和政治常识课同步进行。

中共饶平县部委及时在训练班中发展党的组织，先后吸收詹海山、詹自强、刘子青、詹锦云、余光照、刘火、袁茂等11人入党。上饶区是当时农民运动活跃的地区，许多学员经过葵坑口阻击战的锻炼，思想觉悟较高，入党要求迫切。在训练班上，上饶区 8 个学员就有 7 人入党。

训练班结束后，上饶区各乡农会仿照县训练班的方法，从各村挑选一批精壮会员进行不脱产训练。如岭案乡农会会长袁照以训练班学员袁茂和农会骨干袁福林为军事训练员，以党员黄玉书，刘火为政训员，集中 60 多名青壮年进行训练。经过训练，这批学员不仅掌握了军事知识，而且明确了农军的任务。不久，岭案成立了农军大队。

4 月，饶平县农民自卫军不断发展壮大。上饶、饶城、浮山等区均建立了农军大队组织。上饶区按自然地域建立了 3 个大队：新丰为第一大队，九村为第二大队，岭案为第三大队。大队以下则以村为单位成立中队，每个中队二三十人不等。

三、争取一切权力归农会的斗争

1926 年底，中共饶平县部委在饶城邱厝祠召开党团联席会议，由林琼璜主持，杜式哲参加会议。会议部署继续扩大农会组织，加速发展农民自卫军，实行减租减息，争取农会主政乡村的斗争。会上决定：派詹籍任、詹炳光、林纪元、廖静波为县农会联络员，加强对上饶、饶城等区农民运动的领导。在上饶、饶城部分农运发达的乡村开展减租减息、清算地主豪绅包揽公款的斗争；坚决取消农村中的旧俗陋规，严禁烟、赌，反对一切苛捐杂税，维护社会治安，争取一切权力归农会。

1927 年 2 月，县农会在上饶盘石楼召开全县农民代表大会，工、农、商、学各界代表 260 多人参加。代表大会回顾县农会成立一年来全县农运情况，部署工作任务，并选举林琼璜、刘瑞光、詹自强等为代表出席在汕头召开的潮梅海陆丰农民和劳动童子团代表大会（2 月 23 至 26 日）。根据代表大会决议，各乡农会统一印章、旗帜，农会门口一律升起犁旗；会员开会，必须诵读《农会会员守则》，佩戴会员徽章。

为力争农会成为主政乡村的权力机构，上饶区农会根据广大群众反对贪官污吏的迫切要求，由区农民协会委员刘瑞光、詹宗鲁、詹锦云率各乡代表，清算区长詹旭明贪污、勒索民款的账目。饶城区也对县警察局乱抓人的行为展开斗争。

在各地掀起一切权力归农会的斗争推动下，全县工人运动有了新的发展。1927 年 2 月 21 至 22 日，饶平县总工会在饶城召开县第三次工人代表大会，有 20 个行业工会的 44 名代表参加，各机关团体来宾 30 多人列席。大会推选黄世平、许乃广、江锐锋成立主席团。大会由黄世平致开幕词，汕头总工会代表朱叟林作职工运动报告。大会通电慰问北伐前敌将士，声援汕头印务工人要求加薪的罢工运动等。最后通过大会宣言，接受全国第三次劳动大会宣言及决议案。会后，黄冈、海山等地先后发起了锡箔、轮渡工人要求增加工薪、改善生活生产条件的罢工斗争。

　　随着工农运动的发展，饶平县党组织在革命斗争中培养吸收了一批优秀骨干入党，至 1927 年 4 月，全县党员增至 122 名。在各地党组织的深入发动下，全县农军队伍不断壮大，建立了新丰、九村、岭案、饶城、浮山等五支农军大队，共 1000 多人。这支农民武装，不仅组织健全，并具有一定战斗力，成为乡村一支革命主力军。

第三节　农民武装暴动及中共饶平县委成立

一、饶平农民武装暴动

1927 年蒋介石发动四一二反革命政变后，4 月 15 日，饶平县国民党右派出动军警查封县工会、县农民协会和革命团体，下令通缉饶平县部委、工会、农会和新学生社骨干，形势十分险恶。饶平县部委及工会、农会骨干林琼璜、林逸响、黄世平、詹前锋、詹宗鲁等从饶城转移至上饶山区；杜式哲隐蔽于饶城郊区的西陂、山美一带，领导群众坚持斗争；余登仁隐蔽在黄冈锡箔工人家中；身份未暴露的张碧光仍在饶平第一中学任教。不久，杜式哲、余登仁等先后进入上饶。

同年 4 月下旬，中共饶平县部委在上饶的新丰丁坑村召开党、团骨干会议。会上，由杜式哲传达上级党委关于举行武装暴动的紧急指示，决定动员各乡农军参加武装暴动，反击国民党的进攻。会议部署了有关武装暴动事宜，决定由中共饶平县部委负责人杜式哲、林琼璜、余登仁、林逸响负责全面指挥，新丰农军由詹宗鲁带队，水口、二祠农军由詹瑞兰带队，石井农军由詹伟观带队，埔坪、虎头岗农军由詹籍任带队，饶城郊区农军由廖静波、林大头、刘云从带队，浮山农军由杨奇峰带队，并指定刘瑞光、詹锦云带九村和二祠部分农军于暴动时先"吃掉"盘石楼的国民党上饶区署。同时成立中共上饶区委员会，选举林逸响为区委书记，余登仁、詹瑞兰、刘瑞光、詹炳光为委员。

1927年5月5日凌晨，以上饶区农军为主力，联合饶城郊区、浮山区农军和农会会员共1000多人举行武装暴动，攻打饶平县城。

当上饶各路农军开赴饶城时，九村、二祠农军300多人首先围攻驻盘石楼的上饶区署。上饶区长闻风逃命，农军乘胜赶上大队。浮山、饶城两路农军也按部署参加围城。

上饶农军分二路攻打饶城：一路从北门攻入，一路破东门直捣县府。枪声打响后，国民党军溃败，县长蔡奋初带一班随从人员仓皇逃命。

农军进城后，烧毁县衙内的文书档案簿册，破开监狱，释放在押"人犯"，缴获步枪7支。当天下午，农军撤离饶城。

5月6日，县城农、工、商、学各界人士30多人在饶平一中召开联席会议，成立农工商学联合委员会，推选詹前锋、李芳柏、周子为、张纯暇为正副会长，同时组织县民政府，选举潘廷准为县民政府主任。

饶平县农民武装暴动的胜利，对潮梅各县有很大影响。5月8日，海陆丰各界人民救党大同盟宣传委员会出版的《救党日报》特刊登载"饶平县农民于5月5日早大举武装暴动，攻破饶城"

的紧要捷报。

1927 年 5 月 19 日，潮梅警备司令部派所属第二营营长蔡西庚率两个连来饶"清剿"。蔡部进驻饶城后，即往饶城郊区道韵、西陂、山美等乡村查封廖静波、林大头、刘云从、林琼璜、黄丽泽等人的家产，并将廖静波、林大头的亲属扣押，抓捕了西陂、山美等村一批参加攻城的农会会员，事后，每人被勒索去 7 块光洋。大批革命骨干被迫离家。6 月初，蔡率军队在新丰、九村一带，放火焚烧上饶区农民协会会址与余登仁、林逸响、詹宗鲁等人的房屋，并派兵搜查了浮山区农会。

二、中共饶平县委成立

由于国民党军队的反扑，全县一时笼罩在白色恐怖之中。少数骨干被迫逃往福建和南洋，部分乡村农会停止活动。但大批革命骨干在中共饶平县部委的领导下，仍在上饶山区继续带领工农群众坚持斗争。浮山、黄冈一带的革命骨干则转入隐蔽斗争。

为了应付严酷复杂的斗争形势，中共饶平县委于 1927 年 7 月在上饶区祠东大陂楼成立，书记杜式哲，委员林琼璜、余登仁、黄世平、张碧光、林逸响、詹前锋、李仁华。同时成立共青团饶平县委，书记李仁华。县委辖上饶区委和浮山、黄冈两个支部；新丰、九村、二祠、岭案、双善 5 个支部，归上饶区委领导。

中共饶平县委成立后，于二祠游凤岗村后的东屋坷庵召开会议，着手筹建革命武装，准备进行长期的武装斗争。随后，上饶区农会机关由新丰迁至二祠的盘石楼，领导各乡农会继续开展革命活动，扩大农民武装。不久，从新丰至双善形成一个拥有 65 个乡村、约 3.1 万人口的红色区域，建立起一支 700 多人的农军队伍，上饶成为红色割据的革命基地。

大革命时期中共饶平县组织系统简表

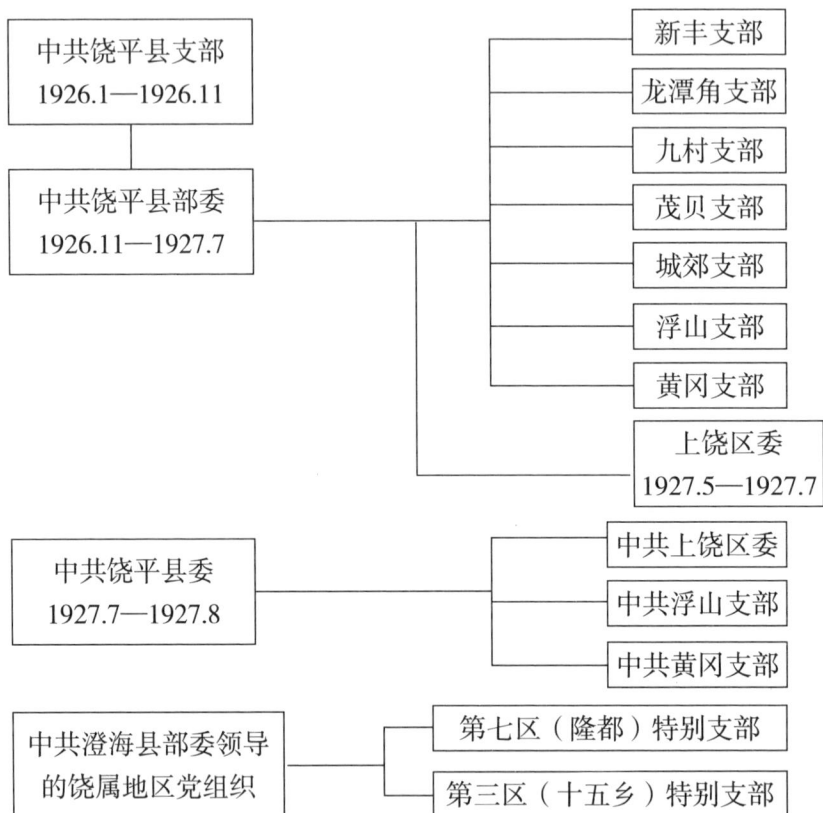

中共饶平县支部 1926.1—1926.11	新丰支部
	龙潭角支部
中共饶平县部委 1926.11—1927.7	九村支部
	茂贝支部
	城郊支部
	浮山支部
	黄冈支部
	上饶区委 1927.5—1927.7
中共饶平县委 1927.7—1927.8	中共上饶区委
	中共浮山支部
	中共黄冈支部
中共澄海县部委领导的饶属地区党组织	第七区（隆都）特别支部
	第三区（十五乡）特别支部

第二章
土地革命战争时期

第一节　上饶赤色乡村武装割据
与反"围剿"斗争

1927年4月12日，蒋介石发动反革命政变，全国革命力量遭到巨大摧残，工农运动遭到严重挫折。8月1日，以周恩来为书记的中共中央前敌委员会，领导北伐部队2万余人，在南昌发动起义，打响了武装反抗国民党反动派的第一枪。随后，起义部队撤离南昌南下广东。8月23日，中共中央指示广东各地立即组织工农暴动，策应起义军。

一、饶平农军暴动策应南昌起义军进占潮汕

（一）支援高陂暴动与浮山农军暴动

1927年8月下旬，中共饶平县委根据广东省委指示，派员到各区乡农会协助扩充农民自卫军，做好策应起义的准备工作。上饶区农军力量较强，成立了农军大队，大队长邱达川，党代表詹

瑞兰。9月中旬，南昌起义军经福建向广东大埔挺进。中共大埔县委决定在茶阳、高陂两地举行暴动。中共饶平县委派张碧光率领农军50多名支援高陂暴动，于11日一举攻占高陂区署。

9月23日，南昌起义军进入潮州，次日进驻汕头。为策应起义军进占潮汕，浮山区农会带领东洋、何厝、长教、胡岭等村的农军130多人攻占浮山区署。9月30日，南昌起义军战斗受挫，被迫撤离潮汕。10月2日，国民党军警100多人"进剿"浮山，浮山区农会主席张修省在转移时不幸被捕，于4日遭敌杀害。

（二）饶平农军攻打饶城

1927年10月4日，中共饶平县委以上饶农军为主力，带领农会会员近2000人进攻饶城。农军与国民党守城军警相持一整天。傍晚，农军主动撤回新丰大埔巷村休整，计划第二天继续攻城。

10月4日清晨，朱德率起义军从大埔三河坝突围，经大埔的湖寮、百侯，于5日一早到达上饶。饶平县委书记杜式哲等闻讯后，即派员分头动员各乡农会组织群众烧水、造饭，接待起义军指战员。杜式哲向朱德汇报饶平农军攻打县城的情况，朱德听后即令第九军教导团300多人支援攻城。经过半个多小时的战斗，饶城军警弃城逃窜。是役，共打死打伤军警50多人。傍晚，获悉钱大钧部从高陂向饶平进逼，教育团返回上饶茂芝与部队会合，农军则于次日撤离饶城。

二、茂芝军事决策会议

朱德率起义军抵饶平后，集中于上饶茂芝，指挥部设于全德学校。10月5日下午，朱德接见了饶平部分县区乡干部。当晚，朱德在茂芝高阳楼前群众欢迎会上发表演讲，勉励大家要坚信中国共产党，同心同德，将革命进行到底。

10月6日，从潮州突围的起义军第二十军第三师教导团参谋长周邦采带着沿途收容的200多名士兵辗转到达饶城，闻知朱德驻军茂芝，立即赶到茂芝会合。周士第还派军需主任周廷恩到饶城，将毛泽覃（毛泽东胞弟）带到茂芝，尔后安排在第二十五师政治部工作。

起义军主力在潮汕受挫的消息在指战员中传开后，一时军心浮动。此时部队已与中央和前敌委员会失去联系，周围又有国民党黄绍竑、钱大钧部的堵截，部队随时有被围歼或自行解散的危险。在这严峻的处境面前，朱德同几位领导干部商议，对周围形势做了客观的分析，认为当务之急，是发挥各级党组织的核心领导作用，纠正悲观消极情绪，坚定革命意志。碰头会后，领导干部分头到部队召开党员和部队骨干会议，在指战员中进行思想政治工作，初步扭转了部分指战员的悲观情绪。

10月7日上午，朱德在茂芝全德学校主持召开了团以上干部军事会议，到会的有周士第（二十五师师长）、李硕勋（二十五师党代表兼政治部主任）、黄浩声（七十三团团长）、陈毅（七十三团党代表）、孙一中（七十四团团长）、杨心畲（七十四团党代表）、孙树成（七十五团团长）、王尔琢（七十四团参谋长）、周邦采（二十军第三师教导团参谋长），还有二十五师经理处长符克振（师党委委员）、军需主任周廷恩、副官长刘得先等 20 多位军事干部。会议围绕要不要继续举起革命旗帜和保存南昌起义革命种子问题，展开了激烈的争论。朱德不同意有人提出的"解散队伍，各奔前程"的主张。他指出，当前主力部队虽然在潮汕失败了，但是中国共产党还存在，革命武装斗争仍在继续，只要大家坚持下去，我们这支队伍仍有希望；现在尚存一个整师 2000 多人，是南昌起义军目前保留完整建制的队伍。更重要的是，大多数官兵痛恨国民党军阀，愿意跟共产党一起革命。我们一定要把南昌起义的革命种子保留下来，把革命进行到底，陈毅当即表示支持朱德的主张，拥护朱德的领导。许多同志也表示服从朱德指挥，会议纠正了悲观情绪，一致支持朱德的正确决定，并作出甩开敌人，"穿山西进，直奔湘南"的决策。下午，朱德率领起义军离开茂芝，临行时送给饶平农军 12 支步枪、1 匹白马和 100 块光洋。县委派出十多名农军为前导，向平和县进发。县委书记杜式哲等送至茂芝北面的麒麟岭。朱德在临别时再三勉励饶平县委要艰苦奋斗，不怕困难，革命到底。起义军经闽粤交界的柏嵩关，于 8 日清晨进入福建平和县城九峰。

朱德率领的这支南昌起义军，历经闽粤赣湘边境半年多艰难曲折的斗争，经过天心圩整顿、大庾整编、上堡整训、湘南暴动，不断发展扩大，终于在 1928 年 4 月上井冈山，与毛泽东同志领导的秋收起义部队胜利会师，正式组成中国工农革命军第四军（后改工农红军第四军）。茂芝会议成为我军史上一次具有重大意义的军事决策会议。

三、广东工农革命军东路独立第十四团

1927年10月下旬，中共饶平县委在上饶祠西东屋坷庵召开会议，传达省委指示精神，分析形势和总结南昌起义军在潮汕失败后的革命斗争经验。认识到要取得革命的胜利，必须有自己的武装队伍，县委决定以上饶农民自卫军大队为基础，组建广东工农革命军东路独立第十四团，由县委委员张碧光任团长、余肇辉（化名一非）任参谋长。全团共150多人，设两个连。团部设在祠西塘背祠堂。由南昌起义军留下的军事干部郭秩辉等帮助军事训练。

同年12月，第十四团在张碧光、余肇辉率领下，进攻九村乡洞上村的反动团防和海螺地反动堡垒，没收地主豪绅款项、粮食。葵坑乡地主豪绅利用宗族观念，煽动乡农民1000多人，于1928年1月8日到九村乡的坑子里、陂墩两村强迫农民交租，并放火烧毁民房。饶平县委派十四团联合九村乡赤卫队共800多人进攻葵坑乡，打死1人，伤17人。11日，九村乡地主豪绅又带民团到陂墩一带小村抢夺群众财物和烧毁房屋。为击退地主豪绅的反

扑，中共饶平县委发布《告葵坑农友书》，组织赤卫队再次攻打葵坑地主民团。各乡地主豪绅也互相勾结，公开与赤色乡村对抗。国民党当局纠集地主武装疯狂向赤色乡村发动进攻，斗争形势尖锐复杂。

1928年1月28日，国民党饶平县长毛琦纠集马岗、漖溪、新丰、葵坑四乡的地主民团和县保安队1000多人，兵分两路"进剿"上饶赤色乡村，烧毁设在大陂楼的中共饶平县委机关，到处搜捕县、区、乡干部，烧抢干部的房屋和财产。鉴于周围赤色乡村陷落，队伍给养困难，饶平县委决定将十四团暂行解散，分头隐蔽，等待时机恢复斗争。杜式哲、张碧光、黄玉书等到汕头找潮梅特委汇报，然后转入隐蔽斗争。

四、支援福建平和暴动

1928年2月，广东省委派徐光英（广州起义军事领导人）到饶平协助恢复工农武装。徐光英到上饶后，与余登仁将分散隐蔽的原十四团部分武装骨干召集到岭案的柏子桥，组成一支50多人的赤卫大队，刘瑞光任队长。同时，中共饶平县委派原十四团第一连连长邱达川为游击队长，以新丰的丁坑村为重点，组织一支十多人的游击队。赤卫大队和游击队经常打入白色乡村打击地主土豪，潜入县城使国民党驻军不得安宁，扩大斗争影响。

饶平工农武装斗争的发展，对平和县农民运动起到极大影响。1928年初，中共平和县临时委员会策划平和暴动时，中共福建省临时委员会指示平和临委要极力联络饶平农军。暴动前，平和临委书记朱积垒到上饶石井参加饶平县委会议，介绍暴动的计划部署，并请求饶平派出农军支援。

3月7日，徐光英、刘瑞光等带领饶平农军50多人（又称洋枪队）赶到平和长乐与暴动队伍会合，下午在长乐乡上墩举行暴动誓师大会。会后，农军按暴动计划向平和县城九峰进发。3月8日凌晨，平和暴动委员会总指挥朱积垒率福建工农革命军独立第一团和农军1000多人，在饶平洋枪队、永定铁血团、大埔太宁农军的密切配合下，进行武装暴动，一举攻下平和县城九峰。农军进城后，破开监狱，救出被关押的农军20多人，烧毁监狱和县衙，没收一批土豪劣绅财物。

平和暴动是福建工农武装夺取政权的序幕，开闽粤边联合暴动的先声。饶平农军勇敢善战的表现，得到平和临委的高度评价。

五、上饶赤色乡村反"围剿"斗争

（一）石井反击战

平和暴动后，闽粤边境形成了以饶平的上饶、大埔的埔东、平和的长乐、永定的金沙为中心的武装割据新局面。广东、福建的国民党当局对这片赤色区域加紧"围剿"，企图一举消灭赤色力量。

1928 年 5 月 22 日，粤军第十三军周济民部一个营联合饶平县保安队"进剿"中共饶平县委所在地石井。拂晓时分，敌分兵三路向石井进击。饶平县委发动群众配合赤卫队奋起反击。在原十四团第二连连长刘拾的带领下，100 多名赤卫队员组成"敢死队"。群众在敢死队的带领下冲锋陷阵。詹前锋率双善、茂芝、岭寨赤卫队和农会员 1000 多人驰援石井，奋勇插入敌军背后，在杨梅树下与敌展开肉搏战，敌军慌乱溃退。石井反击战歼敌一个连兵力，俘获连长 1 名，缴获步枪 30 多支。战斗中，敢死队队长刘拾和队员刘普、刘儿、詹娘送、詹世文等 20 多人壮烈牺牲。

5 月 24 日，饶平县长毛琦率驻饶国民党军洗劫水口、扶阳林、葵坑口等赤色乡村，石井再遭攻击。赤卫队员采取灵活机动的战术勇猛反击，又一次击退敌军的进犯。

（二）茂芝保卫战

石井反击战十多天后，周济民部增派一个团及地主民团 3000 余人，于 6 月 8 日绕道石井背后的犁头崇山，分兵三路向石井进犯，饶平县委主动向茂芝撤退。

6 月 10 日，国民党军和地主民团 5000 余人，分东、西、中三路进攻茂芝。集结在茂芝的 2000 多名县区乡干部和赤卫队员分三路御敌。中路从茂芝正面阻击，并抽调 100 多名赤卫队员机动支援两翼作战；东、西两路赤卫队登上山头，居高扼守，互相策应。激战两个昼夜，因敌我力量悬殊，赤卫队被迫撤出阵地，向双善山上撤退。12日，国民党军进入茂芝，强迫被包围的700多名群众每人交出17块光洋。詹昭康、詹木桃、詹益铁等七人因抗拒交款惨遭杀害。

国民党军队在茂芝、坝上驻扎70多天，杀害干部、群众20多人，茂芝、岭案、埔坪、康贝四个乡村被烧房屋700多间，被勒索光洋近万元。

石井、茂芝虽遭疯狂"扫荡"和洗劫，但赤色乡村的干部和人民没有屈服。林逸响、詹锦云等带领部分县区乡干部和赤卫队转战双善山区，坚持游击活动；刘瑞光、杨必达、邱月波等转到浮山长教乡，与许庭标、余光照等会合，成立中共浮山区委。

六、"温子良惨案"

1928年6月8日，中共饶平县委书记杜式哲调任东江特委委员，由林逸响接任县委书记，县委机关设于双善温子良村。

国民党军重兵驻防茂芝坝上期间，派兵包围双善。民团头子詹瑶探知中共饶平县委驻地，向国民党军告密。8月9日晚，中共饶平县委在乌石岗召开会议。会后，大部分委员分头到各地传达部署工作，县委书记林逸响和委员詹锦云因事回温子良村。深夜，茂芝民团头子詹耀南、詹凤秋带国民党军和民团400多人将温子良村团团围住。林逸响、詹锦云和乡农会主席林发等 18 人被捕，后转解大埔县城茶阳。9 月 11 日，被捕同志全部遭杀害，酿成"温子良惨案"。

第二节　恢复饶平县委，建立上饶苏区

一、恢复饶平县委，开展游击斗争

1929年1月，东江特委从澄海调刘锡三到饶平恢复县委组织。刘锡三到福建诏安秀篆老虎坑村召开县委扩大会议，传达中共六大精神，同时宣布恢复中共饶平县委领导机构。由刘锡三、詹瑞兰、刘瑞光三人为常委，刘锡三任书记；刘金丹、连半天、邓逊群为委员。会后，刘锡三派袁伐、詹允吉、詹中丙等七人组成短枪游击队，率先打回上饶开展游击活动。随后刘锡三带县委成员回到双善（县委机关设在双善的对坑村），带领武装人员分头开展秘密活动，惩办地主豪绅、民团头子和叛徒，打击反动势力和解决经济问题。至当年年中，县委游击队扩大到40多人；詹容率领的区联队发展到100多人；上饶、浮山、黄冈三个区委建立了10个党支部，党员130多名。

六七月间，隐蔽在外地的赤卫队员和农会干部陆续回乡投入革命活动，各乡的农会、赤卫队、青年团、妇女会、童子团等组织得到恢复和发展，革命武装不断壮大。二祠、水口一带的赤色乡村相继恢复，革命活动延伸至新丰一带。随后，中共饶平县委机关从对坑村转移到石井的蔡坑村。以石井为中心的革命根据地迅速形成，上饶赤色乡村人民在县委领导下，继续开展武装斗争。

二、红军四十八团的创建和发展

（一）红军独立连

1929 年 7 月 31 日，国民党驻汕蒋光鼐部派教导团第三营进驻饶城。三营第十三连有部分官兵参加过南昌起义，接受过进步思想教育，见赤色乡村革命形势高涨，产生投奔红军之意。8 月 27 日夜，乘连长到汕头开会和官兵熟睡之机，排长杨福华、副排长赖华山等，将全连 80 多人带出饶城北门，直奔上饶。中共饶平县委派詹瑞兰、连半天说服他们就地参加红军打击国民党反动派。詹瑞兰等把他们带到岩下村休息，并成立红军独立连，连长杨福华，副连长赖华山。不久，转移到诏安官陂龙伞嶂休整。10 月 11 日，平和国民党张贞部独立营 1 名排长带 9 名士兵到龙伞嶂投诚。独立连增至 80 多人枪，是当地武器装备比较精良的一支队伍。

（二）组建红军四十八团

中共东江特委接到饶平县委关于蒋部一个连士兵起义的报告后，于 1929 年 10 月 15 日派李光宗参加饶平县委，负责对起义部队的教育改造和筹建红军第六军第十六师四十八团工作。李光宗在饶平县委会议上传达了东江特委关于各县扩大红军的决定。中共饶平县委根据东江特委要求，将独立连改称四十八团第一营第一连，又从各乡赤卫队抽调部分武装骨干组建第二连。至年底，两个连共有140多人枪，工农红军第六军第十六师四十八团正式成立，团长罗时元，党代表李光宗。

（三）转战闽粤边区

1929年冬，四十八团首仗出击深峻乡，一举歼灭民团，打通了双善与平和长乐赤色乡村的通道；接着横扫上饶陈坑、洞上、大埔背等白色据点，使上饶赤色乡村连成一片；继而挥师东进，在饶平、平和、大埔三县赤卫队的配合下三打象湖山，拔除闽粤边最大的白色据点，打通了东江革命根据地通往闽西中央苏区的交通要道；回师时又攻打平和的坪回、大芦溪、三来洲、李家畲，直捣诏安的官陂、下葛，将几百担食盐分给当地群众。四十八团征战闽粤边，得到广大人民群众的大力支援。饶平双善和大埔和村等乡村均组织运输队、担架队、宣传队、救护队，随军出征配合作战。仅三个多月时间，共拔除白色据点20多处，惩办民团头子30多名，俘敌80多人，缴获长短枪160多支和大批物资。至1930年4月，革命形势日益发展，四十八团从两个连扩充到三个连，有250多人枪，收缴的一批武器装备了平和独立营。在四十八团的大力支持和推动下，饶和埔三县边境革命武装发展至1000多人枪。

三、上饶区建苏分田

1929 年 7 月，毛泽东率领红军到达闽西后，在那里开展土地革命，极大地鼓舞了上饶人民。中共饶平县委决定成立上饶区分田委员会，由黄玉书任主任，以双善乡为试点，成立双善乡苏维埃政府，准备秋后开展分田工作。11 月，双善乡划分为山头、万能、下善三个乡苏维埃政府。分田以自然村为单位进行。除农民的自耕田不动外，其他耕地分为上、中、下三个等级，实行搭配均分，不论男女老幼，计口分田。至 12 月，双善乡完成分田工作。

1930 年 3 月，中共饶平县委在石井乡大门口村召开全县农民代表大会，成立饶平县革命委员会，主席刘金丹。同时成立上饶区革命委员会，主席詹广州。会议提出"没收地主阶级的土地，分配给无地和少地农民""焚烧田契""杀尽土豪劣绅"等口号。为加强上山至九村一带的建苏分田工作，成立中共区南委员会，书记詹号，同时成立区南区革命委员会，主席詹容。5 月上旬，参加东江工农兵第一次代表大会的代表回饶后召开代表会议，成立上饶区、区南区苏维埃政府。

为顺利开展土地革命，贯彻党的土地政策，饶平县革命委员会在大门口村举办分田骨干训练班，推广双善乡分田经验。中共饶平县委书记刘锡三亲自讲解《土地法》和分田原则，并在大门口村搞分田现场示范。训练班结束后，各乡以村为单位，选举成立分田评议小组，处理分田具体事宜。至当年 6 月，有五分之四的赤色乡村完成分田工作。当时上饶区共 33286 人，耕地面积 2010 公顷；27516 人参加分田，分田面积 1434 公顷。

农民获得土地，革命热情和生产积极性空前高涨。1930 年春，中共饶平县委在上善村建立了枪械厂，自制土枪、炸炮、子弹，修理枪支支援前线。下善村成立了后方医院，为红军伤病员和群众治伤治病。各村民众组织了运输队、救护队、担架队，配合四十八团征战；妇女会组织妇女拥军支前，为红军战士做草鞋、补衣服、煮饭菜；童子团也参加巡逻放哨。各大村或联村办起平民学校和夜校，儿童免费入学读书。成年男女白天劳动，晚间上夜校学习政治、文化，学唱歌谣，到处洋溢着浓厚的革命气氛。

四、浮山的革命斗争

1928 年 8 月"温子良惨案"发生后，中共饶平县委委员刘瑞光、邱月波转移到浮山建立据点，成立了中共浮山区委员会。但由于国民党军的驻防，浮山区委工作长期处于隐蔽状态。

同年 12 月，中共饶平县委决定增派力量，以胡岭村为据点，向西山、北山、双罗、芹菜洋等乡村开展活动。首先在有基础的乡村建立农会，组织农民武装，再联络诏安的新营、黄秋坑、白叶、乾尾等乡开辟饶诏边革命新区。此后，中共饶平县委书记刘锡三三次到浮山区指导工作。

1930 年 4 月，刘锡三带领 20 多名武装人员，到诏安的新营官厝村召开浮山区农民代表会议。会议历时三天，到会代表 100 多人，大会通过选举成立浮山区革命委员会，余焕然、余定梓、沈壮成等五人为委员。会后，胡岭和芹菜洋等村相继掀起抗租抗债和惩办地主豪绅的斗争。6 月，革命活动沿饶诏边境延伸，北连上饶苏区，南通黄冈区委秘密活动点，东接诏安县的秀篆、官陂，浮山成为联结饶平南北交通的纽带。

五、饶平的反"围剿"斗争

（一）四十八团攻打饶城

1930 年 7 月，红军四十八团由闽西南回师上饶休整。为营救被监禁的几十名群众，经与四十八团领导研究，中共饶平县委决定于 7 月 13 日以四十八团为主力，联合各乡赤卫队和群众 1000 多人攻打饶城。国民党当局弃城逃跑。红军和赤卫队进城后，破开监狱救出被捕群众，并押解 11 名土豪劣绅回上饶惩处。队伍途经横岭村时，遭民团开枪狙击。党代表李光宗中弹牺牲。翌日，军民同仇敌忾，一举围歼横岭地主武装。李光宗牺牲后，四十八团党代表由连半天代理，后由李明光接任。

7月下旬，四十八团离开上饶苏区，开赴闽西。1931年1月后，部队内部"肃反"，四十八团损失惨重，其后被编入红十二军三十四师第一〇〇团第四连。6月，归属中国工农红军第一军团，参加了中央根据地的反"围剿"斗争。

（二）中共饶平县委南移黄冈后的斗争

1930年7月13日，国民党反动军队纠集地主民团，对上饶苏区进行报复性反扑。石井、茂芝一带陷落后，中共饶平县委机关再度转移到双善对坑村。上饶区的革命转入低潮。8月，根据上级关于把革命重点从农村转向城市的指示，县委机关从双善转移到黄冈镇郊刺围村坎顶。县委书记连铁汉带领邱月波、明珍（后叛变）和部分武装人员，到黄冈开展工作。

中共饶平县委进驻黄冈后，看到在城镇工作无法开展，决定把革命基点设在龙眼城村。派李班、连石伟率20多名武装人员，协助邱月波等革命骨干深入龙眼城村发动群众，开展教育串连活动。9月，龙眼城村农民协会重新建立，会长郑义添；同时建立一支十余人的赤卫队，队长陈仕先。随着里和睦、李厝，田垱等村的农民加入农会，镇郊农民运动逐渐有了起色。10月，县委决定在龙眼城建立联络点，派李班为站长，担负传递上饶、浮山等地情报和接送东江特委的文件报告和接送革命人员等。11月，中共饶平县委鉴于黄冈镇工作难以开展，农民运动一时难以恢复，决定由县委书记连铁汉带部分武装骨干撤回双善苏区。

（三）秘密交通线上的战斗

1930 年，在周恩来的领导下，由中央交通局开辟了从上海—香港—汕头—潮州—大埔—永定进入中央苏区的中央红色交通线。另设一条副线，从香港—汕头—澄海鸿沟—饶平黄冈—大埔埔东—永定虎岗进入中央苏区。战斗在这条红色交通线上，有一名饶平海山人李沛群。李沛群于 1925 年入党，广州起义时任手车夫联队党代表，长期从事党的地下交通工作。1931 年 3 月底后任闽西永定虎岗交通大站主任。1932 年初，李沛群由汕头护送邓颖超等同志安全进入中央苏区。中共饶平县委根据上级指示，派副书记詹瑞兰在黄冈等地秘密设立交通站和转移点，掩护路经饶平境内的军政领导人和交接物资运往中央苏区。1931 年 1 月，大埔交通站负责人卢伟良来到香港，准备护送叶剑英、蔡树藩、陈友梅等到中央苏区瑞金。他们从香港乘船抵汕头后，乘轻便车到澄海，再步行到达黄冈。黄冈区委将他们安排在南门咸杂店的楼上住宿。下半夜，突然传来土匪抢劫商船的枪声。天未亮时，叶剑英一行离开黄冈，由交通员刘荡带路，沿饶诏边境进入大埔和村，再由中共饶和埔县委派武装人员护送到永定虎岗，于 4 月抵达赣南瑞金。

第三节　饶和埔诏苏区的革命斗争

1930 年 10 月下旬，中共中央军委南方办事处派李富春、邓发等在大南山大溪坝村（今属汕头市潮南区）召开闽粤赣边第一次党代表会议，传达贯彻党的六届三中全会精神。会议根据中共中央政治局指示，决定"将闽西，东江两特委会组为闽粤赣边特委"，书记邓发。在东江地区成立西南、西北两个分委，并根据斗争的需要，组建 8 个边县县委（工委）。

一、中共饶和埔县委建立

1930 年 11 月，中共闽粤赣边特委派黄炎到大埔县和村召开饶平、大埔、平和三县县委会议（平和县委未到会），传达闽粤赣边区党代表会议精神，并依据闽粤赣边区特委决定，将饶平、大埔、平和三个县委合组为中共饶和埔县委员会，书记邱宗海。三县县委原所辖地区划分为 10 个区：饶平 3 个区（黄冈为第一区，浮山为第二区，上饶为第三区），大埔 3 个区，平和 4 个区。不久又将饶平的九村和大埔的光德瓷业区划为第十一区。饶平县划入中央苏区范围。

12 月，中共饶和埔县委在大埔和村召开边县人民代表大会，成立饶和埔县革命委员会，选举刘振群为革命委员会主席。同时建立共青团饶和埔县委和县妇女联合会，饶平红军第三连与平和县独立营同时划归饶和埔县委领导。这时，驻潮汕和闽南国民党军队为进攻中央苏区，正调集兵力向饶和埔根据地"进剿"。12 月 30 日，中共饶和埔县委决定扩大斗争范围，作出了年关斗争部署：确定在主要乡镇扩大赤色工会和工人纠察队；在农村大力发动农民开展抗租、抗债、抗税斗争；公开宣传攻打饶和埔县城和主要墟镇，分散国民党"进剿"根据地兵力。

二、饶和埔县第一次工农兵贫民代表大会

1931 年 2 月 7 日，饶和埔县第一次工农兵贫民代表大会在大埔埔东的大产泮村邱氏宗祠召开，到会代表 300 多人。由于国民党军队的封锁，七、八两区的代表未能按时到达，其他区代表也不齐。8 日，代表大会正式开幕。10 日，国民党军重兵包围大产泮村，原定 7 天的议程，只开了 3 天便被迫中止。到会代表和县、区干部在独立营和第三连掩护下分路突围。独立营和部分县、区

干部转入闽西苏区；中共饶和埔县委书记邱宗海和特委代表黄炎等绕道向八乡山（今属梅州丰顺县）撤退；连铁汉、谢卓元、张崇、张华云、荣洁和部分区乡干部在红军第三连掩护下，转移到饶平的白花洋和诏安的石下一带，建立新的据点。

三、饶和埔革命力量东移饶诏边

（一）组建中共饶和埔诏县委

大产洋村会议遭破坏后，中共饶和埔县委书记邱宗海在转移八乡山途中被国民党捕杀，特委派刘锡三接任县委书记。1931 年 4 月，刘锡三在诏安石下村召开会议，饶和埔县委改为饶和埔诏县委，书记刘锡三。会议决定以石下村为革命据点，着手恢复苏区工作。中共饶和埔诏县委机关设在石下礁头坷。县委一面派员到饶平、大埔、平和进行活动；一面以石下为基地，向官陂、秀篆和白花洋等山区发展，开辟饶诏边游击根据地。经过一番艰苦的斗争，至五六月间，恢复苏区和开辟新区的工作有了进展。5 月，余登仁在潮州越狱后返回饶和埔诏县委工作。

（二）白花洋革命据点的斗争

白花洋村是上饶苏区的边沿地区，刘金丹、詹涌波、林大头等地方党组织领导前期经常到这一带活动，有一定的群众基础。

饶和埔县委委员谢卓元等转移到白花洋村，便在当地恢复饶和埔县第三区委，谢卓元兼任区委书记，同时恢复第三区苏维埃政府，主席詹涌波。在县委、区委的积极发动下，白花洋村很快建立起农会和赤卫队，逐步向大厝楼等乡村伸展，赤卫队扩大到 100 人左右。

白花洋革命据点建立后，中共饶和埔诏县委组织第三连和赤卫队袭击周边国民党军警和联防办事处，反动势力乘机反扑。1931 年 4 月 30 日和 5 月 28 日，新丰国民党军警和地主民团先后两次进攻白花洋村。第三连到秀篆休整，赤卫队掩护群众撤入深山。敌人进村后扑空，杀害无辜妇女一名，劫走粮食、牲畜等。形势严峻，区委仍带领群众坚持斗争，经常派出武装小队到新丰敌占区抓豪绅、撒传单，扩大革命声势。

9 月 17 日，国民党保安队纠合马岗、杨康、滦溪、新丰四乡地主武装 1000 多人，再次"围剿"白花洋。敌人进村后挨户搜查，放火烧毁第三区苏维埃政府机关和民房 70 多间，抢劫一大批财物，拘捕 13 名干部家属，向每人勒索 50 块光洋。革命力量被迫转移到双善岩下和秀篆石下一带活动。

（三）饶和埔诏县苏维埃政府成立

1931 年 11 月，余登仁、李树知、游章堤三人代表饶和埔诏县委到江西瑞金出席中华苏维埃第一次全国代表大会。12 月，在石下村召开全县干部会议，传达会议精神，学习《土地法》及有关的经济政策。刘锡三、陈明昌也在会上传达福建省委关于纠正

"肃反"运动中的"左"倾错误的指示，从而稳定了队伍情绪。

1932年4月20日，中央红军攻占闽南重镇漳州，开创了闽南工农武装割据的新局面，有力地推动了饶和埔诏革命形势的发展。6月，中共饶和埔诏县委在石下村召开工农兵代表会议，选举产生饶和埔诏苏维埃政府，余登仁当选苏维埃政府主席，谢卓元为裁判部长，陈明昌为军事部长，同时成立军事、粮食、土地三个委员会。

1932年7月，饶和埔诏县委在石下召开扩大会议。会议作出《关于夏收斗争与"八一"工作的布置》的决议，提出当前的任务：深入开展土地革命，实现分配田地；扩大游击战争，冲破敌人包围；恢复和发展部分苏区，与闽赣苏区和红军发展配合，完成党中央提出的当前争取一省或数省的首先胜利；各区在夏收斗争中发展一批新党员和建立一批新支部。县委扩大会议后，领导成员分头到各地开展工作。

但是在同年8月，中共饶和埔诏县委在机关和部队中重演了逼、供、讯等错误做法，致使饶和埔诏革命力量遭受严重损失。

四、艰苦的反"围剿"斗争

（一）石下、马坑的反"围剿"斗争

1932年7月24日，诏安县秀篆地主武装近1000人，分三路进攻中共饶和埔诏县委所在地石下村。9月初，驻汕四十九师二九二团黄南鸿部重兵压境，对中共饶和埔诏县委所在地周围赤色乡村实行分路"进剿"。9月3日，黄南鸿部以五个连进攻革命据点马坑村。9月14日，黄南鸿部纠集六千之众，从四面八方进攻龙伞嶂。红军声东击西，分路突围。最后，红军第三连与敌展开肉搏战，仅存20人冲出重围，转移到饶平岩下村一带隐蔽。中共饶和埔诏县委则带领仅有的10名游击队员迂回游转在深山密林中。

黄南鸿部攻陷石下、马坑后，连续12天对饶和埔诏根据地发起全面"进剿"，采取极其残酷的烧杀抢手段，把赤色乡村和山林烧成一片片焦土。黄部还实行经济封锁和巡查设岗，使饶和埔诏革命形势日益艰难。饶和埔诏县委仅存刘锡三、余登仁、陈明昌、连铁汉、谢卓元、张崇、张华云等领导成员和十多名游击队员。为适应斗争环境需要，县委决定将第三连存下的20人枪和游击队员共30人编为县委武装工作队，分成三个武装工作组。

（二）里坑事件

1932年10月，陈明昌率中共饶和埔诏县委武装工作组回双善开展活动，国民党当局派驻饶平第七师第二十团加紧"围剿"。11月1日，国民党军一个连纠合地主民团200多人"进剿"双善。陈明昌工作组12人，采取既集中又分散的游击战术与敌周旋。10日，工作组集中在里坑村开会，研究转移去向。会议尚未结束，国民党军队突然"追剿"到里坑村，封锁工作组退路。陈明昌率战士们退入坑谷，利用石头、荆棘作掩护边打边退，刘介子、陈卯等五位战士不幸中弹牺牲。敌又纵火烧山。突围中，詹子金、卢楼在战士们掩护下脱险。陈明昌、林春塘、卢抱、刘政、曾双（女）等五人，因受枪伤火伤不幸被捕，最后遭敌杀害。当地称"里坑事件"。

（三）开辟诏黄游击区

1933 年春，闽、粤两地国民党军队轮番"围剿"，中共饶和埔诏县委率部分武装人员退入深山密林。县委书记刘锡三积劳成疾，肺病严重复发，只得暂时隐蔽在石下村。6 月，刘锡三转到浮山的打石埔村，在地下党员余剪先家隐蔽疗养，病中仍坚持指导浮山一带革命斗争。9 月 17 日晨，国民党浮山区署派兵突袭打石埔，刘锡三突围时不幸中弹牺牲。赖洪祥接任饶和埔诏县委书记。

1933 年 11 月"福建事变"以后，饶和埔诏的革命力量有所恢复。11 月，余登仁率部分工作人员，转到诏安的深湖和饶平的赤坑一带山村发展诏黄新区；赖洪祥和张崇则带领游击队到饶平的岩下、礤头一带，开展恢复上饶苏区的工作。1934 年 3 月 5 日，国民党军警袭击礤头，围捕在那里养病的赖洪祥。张崇带领游击队掩护突围，游击队长许因在战斗中中弹牺牲，三名游击队员负伤，恢复上饶苏区工作又遭挫折。尔后，张崇带领游击队到深湖同余登仁工作组会合。

游击队进入深湖后，很快便在当地组织农会，成立赤卫队。

至 1934 年春，深湖一带小村已组织赤卫队 200 多人，革命力量逐步扩展到饶平的渔村、下蔡、赤坎一带山村，与第二区的景坑、新营、湖岭一带游击区连成一片。深湖村西北面的黄牛山，扼据闽粤边界要塞，反动会道门头子沈之光以此为巢穴，成立"白扇会"。沈之光长期勾结国民党军和地方反动势力对抗共产党，破坏农会组织，群众迫切要求铲除这一祸害。4 月 23 日，余登仁、张崇率游击队和赤卫队 200 多人攻打黄牛山。在转战闽南的潮澄澳红军第三大队帮助下，县委终于拔掉黄牛山这一反动据点，诏黄游击区得以迅速发展。

第四节　潮澄饶澳苏区革命斗争

1930 年冬，中共潮澄澳县工委成立，书记周大林。县委成立后，在莲花山周围开展革命斗争。次年 5 月，改为中共潮澄澳县委，着手发展区乡武装和建立红军，开辟新区。最后，形成以浮凤苏区为中心的潮澄饶革命根据地。这是土地革命战争时期东江地区九块革命根据地之一，也是闽粤边区三年游击战争的重要依托。

一、开辟浮凤苏区

（一）开辟浮凤山区根据地

浮凤区是饶平浮山和凤凰（1958 年之前属饶平，之后属潮安）两个区域的合称，境内山高林密，道路陡峭，是开展游击斗争的理想地带。

1932 年春，中共潮澄澳县委派革命骨干陆益、陆广祥、林木松等相继进入浮山区的坪溪山村，开展革命活动。他们到坪溪后，以船肚村为立足点，在烧炭群众中宣传革命，发动贫苦群众起来革命，通过串连发动了刘勤林等一批积极分子，并以他们为核心，分头到水鸭石、青官、南坑、苳居荇等村串连，秘密组织农会。以后又在船肚村边的柴陷尾密林中盖起茅寮，建立革命联络点，点燃了坪溪一带山村的革命火焰。

1932年夏，农会干部刘万裕受党组织派遣，携家眷回老家坪溪顺风礁村发动贫苦农民成立革命小组，然后分工到杉坑、桂竹坑、红花树、三坵田一带山村发动群众，秘密组建农会。与此同时，陆位保、蓝德业等进入葛藤埔、夏校、东岭等几个大村建立农会组织。至此，坪溪山区除上社、岭头外，其余20多个山村均有农会组织。随后，中共潮澄澳县委根据坪溪山区村落分散的地理特点，按自然地域组建两个乡农会和两支赤卫队，同时成立妇女会和童子团，展开抗租抗债的斗争。

1933年春，文锡响加入中国共产党，并任浮凤区特派员。

（二）发展武装斗争和开展"红五月"政治攻势

1932年12月下旬，中共潮澄澳县委在秋溪区八角楼山脚召开县委扩大会议，决定继续扩大武装力量，发展平原游击斗争，巩固游击基地。1933年1月，中共潮澄澳县委根据东江特委的指示，从红三连调出部分骨干和武装人员共20余人，组成潮澄澳特务大队。队长李金盛，政委林乌。平原地区也相继成立游击队，武装力量有了较大发展。为加强浮凤区的领导，中共潮澄澳县委派文锡响、陆位保、叶淑兰等组成领导班子，负责全区工作，并派特务大队进入浮凤区开展抗租抗债的斗争。三四月间，特务大队袭击火烧寮村，没收地主财产，打响了浮凤山区游击战争的第一枪。各乡的农民协会和赤卫队相继开展反对地主豪绅的斗争。坪溪赤卫队在红三连的支援下，袭击潮安竹园村，没收反动士绅、国民党潮安县参议张植之的家产。在革命斗争中，一批积极分子被吸收入党，并于4月中旬建立坪溪、白水湖、芹菜洋三个党支部。坪溪党支部成立于水鸭石，支部书记刘昭成，党员有刘万裕、刘龙江、郭伟等9人。

1933年5月1日，中共潮澄澳县委在秋溪区和浮凤区交界的草岚武召开五一国际劳动节庆祝大会，部署各区乡开展"红五月"宣传活动。各区代表和群众近千人参加。会后，有80多名青年自愿报名参加红军和游击队。草岚武大会后，中共潮澄澳县委以潮澄澳革命委员会的名义，发布了《为夏收斗争告农民书》等文告。各区党组织根据县委关于开展"红五月"政治攻势的精神，组织农会和革命群众张贴标语，散发传单揭露国民党反动统治罪行；各地赤卫队配合红军连续袭击乡公所和联防队，炸毁炮楼1座，缴长短枪80多支。

（三）中共浮凤区委成立

1933年七八月间，中共潮澄澳县委为进一步巩固和发展浮凤根据地，于白水湖村成立中共浮凤区委员会，书记文锡响，委员陆位保、林振翩、黄来敬、黄芝固、文步炳、叶淑兰等。同时，在红军和各乡赤卫队中抽调一批武装骨干组成潮澄澳红军第二中队，队长吴元金。全队20多人枪，配合农会、赤卫队打击土豪劣绅，筹集经费，支援根据地建设。中共浮凤区委成立后，林逸华等四人组成工作组，负责扩大游击区。不久，葵塘、牛角厝、澳潭等小村相继成立农会。区委在葵塘建立小兵工厂，制造土炸炮和修理枪械；在石鼓村建红军医疗所，负责治疗红军和游击队伤病员；在獭洞后村建立交通站。从此，红军经常到十二排进行隐蔽休整。是年冬，区委从各乡赤卫队中抽出30多名武装骨干，成立浮凤区联队，队长柯良。翌年1月，成立浮凤区赤卫大队，队长文锡坤。大队以下按自然区域分为4个支队，一方发现敌情，四方支援，形成巩固的"赤色联防"。

二、扩编红军，挺进闽南

1933年冬，国民党独立二师张瑞贵部纠集潮澄饶地方军警，对平原游击区进行大规模"清剿"。游击区的战士和人民群众坚持艰苦斗争，利用韩江三角洲水网地带和密林与敌周旋，以夜袭、奇袭等斗争方式，针锋相对地进行反"清剿"斗争。

1934年1月，东江特委在桑浦山的棉洋村召开潮澄澳县委扩大会议，部署"年关斗争"。3月，中共潮澄澳县委根据棉洋会议精神和斗争形势发展的需要，在饶平岛仔村举行红军指战员全体会议，宣布将红三连和红二中队合编为中国工农红军潮澄澳第三大队（简称红三大队）。全队 200 多人枪，大队长朱增强，政委贝必锡，政治部主任浦益多。下设三个中队，罗金辉、吴元金，纪泰龙分别任一、二、三中队队长。根据上级党委指示，第一中队留守根据地，贝必锡、朱增强、李金盛等率第二、第三中队和县特务大队开赴闽南，迎接闽西红军独立第九团下东江。

潮澄澳红军于 1934 年 4 月下旬到达福建诏安县境。获悉中共饶和埔诏县委率领游击队和深湖赤卫队攻打黄牛山白扇会反动据点不下，贝必锡、朱增强等率队到八仙山与余登仁会合。4 月 30日，两支队伍分三路进攻黄牛山，捣毁白扇会巢穴，打通了闽粤边游击走廊。此后，红三大队和特务大队公开活动。特务大队一直坚持活动在饶诏边境，转战于饶平的渔村、赤坑，诏安的白叶、坪路一带山村，牵制敌人对饶和埔诏游击区的"围剿"。红三大队挥师北上，帮助中共饶和埔诏县委恢复上饶苏区活动；配合饶和埔诏游击队和赤卫队进攻诏安下葛、官陂反动据点；袭击云霄县车仔圩国民党保安队和梁山、牛角楼反动团防；歼灭诏安县保安团头子沈东海老家小北港乡团。潮澄澳红军转战闽南六个多月，虽未能与红九团接上关系，但在此期间接连袭击反动据点，围歼地主民团，打击土豪劣绅，对恢复和发展饶和埔诏游击区起到了重大作用。1934 年 11 月，队伍胜利回归浮凤根据地。

三、巩固和发展浮凤苏区

1934 年 4 月，浮凤区革命委员会在白水湖寮下村成立，主席黄芝固。5 月，共青团浮凤区委员会成立，书记张锦标。这时，浮凤区已有 90 多个村庄建立农会，赤卫队、妇女会和童子团，全面开展抗租、抗债、抗捐等打击反动派的斗争。

国民党当局在"清剿"平原游击区后，逐步调动兵力"围剿"浮凤根据地。6 月，国民党罗静涛（绰号"缺嘴罗"）连突袭红军医院，杀害全体医务人员和十多名伤病员。秋溪区革委会主席傅尚刚和区干部炳河、阿花在埔尾开展工作时，被饶平钱东警卫队追捕杀害。为反击国民党军的进攻，保卫根据地，中共潮澄澳县委组织红军和游击队主动出击。7 月，第一中队和区联队分别从坪溪、十二排、乐岛出发，袭击驻浮滨圩的饶平警卫队，全歼守敌。

7 月底，东江特委发布为纪念"八一"开展夏收斗争的指示，要求各地扩大武装力量、开展反"清剿"斗争。8 月，中共潮澄澳县委决定组成工作组，向浮凤区东西两侧扩大游击区。东侧开辟饶城新区。这里是潮澄饶通往闽西南的重要通道。是年秋，中共潮澄澳县委派林木松、许心珠、刘乌记等组成工作组，首先进入石壁村，教育发动了刺竹坑、城格厝、涂楼、顶厝等村一批贫苦农民，秘密成立石壁乡农民协会，林料毕为农会主席。11 月，工作组继续向西陂山美、黄山水一带串连发动，建立农会和赤卫队，扩大游击区。同时，根据中共潮澄澳县委指示，在龙居寨、下寨、西陂、白塔等村建立交通站，与中共饶和埔诏县委白花洋交通站接上关系。至此，一条始于凤凰大山打埔輋，止于闽粤边根据地的交通线建立起来。

为配合开辟新区，红三大队第一中队和浮凤区联队于八九月间打出外围，先后袭击潮安仙洋，葫芦、狮峰等乡后备队。9月下旬奔袭坪溪岭头村后备队。接着，又到樟溪、浮山、饶城一带活动，没收地主财物，烧毁公路桥20多处，推动了新区游击斗争的发展。

第五节　坚持闽粤边区三年游击战争

1934 年 8 月 1 日，中共闽粤边区特委正式成立，书记黄会聪。中共闽粤边区特委由厦门中心市委所领导的漳州中心县委、福建省委所领导的饶和埔诏县委、东江特委所领导的潮澄澳县委组成，直属中共中央领导。中共闽粤边区特委成立初期，所辖的游击区纵横五六百里，基本连成一片。中央红军长征以后，这里成为南方八省三年游击战争的 14 块重要根据地之一。

中共闽粤边区特委成立后，饶和埔诏县委所属各游击区及县委直属中心区经常受到国民党军队"进剿"，革命活动极端困难。但中共饶和埔诏县委在困境中仍坚持斗争。1935 年 12 月，闽粤边区特委解散饶和埔诏县委，县委工作人员和游击队划归云和诏县委领导。饶和埔诏县委在土地革命战争时期经历了整整五年艰苦曲折的战斗历程，创建了饶和埔诏苏区，留下不可磨灭的功绩。

一、浮凤苏区的发展

1934 年 10 月，根据东江特委决定，潮澄澳县委改为潮澄饶县委，书记陈信胜。10 月下旬，红三大队和特务大队回师浮凤，根据地革命力量空前壮大，武装队伍已达七八百人。11 月，红三大队和特务大队出击樟溪青岚、石蛤、秀才堂、南蕉坑和钱东礼堂等乡村，沉重打击了当地地主民团和国民党守备军警，同时发动组织农会和开展抗租抗债斗争。

1935 年 1 月，中共东江特委在庵下村（今属潮安区凤凰镇）召开潮澄饶县委扩大会议，决定将潮澄饶县委划分为潮澄饶和潮澄揭两个县委，张敏任潮澄饶县委书记，陈信胜协助潮澄揭县委工作。潮澄揭红军第三大队卢秋桂部划归潮澄饶县委领导。

1935 年 2 月，潮澄饶县委决定在浮凤根据地发动群众分田分地，建立苏维埃政权，调动群众建设和保卫苏区的积极性。由于国民党军警频繁"进剿"，大部分村庄的分田工作被迫中断，结果浮凤区只有 70 个自然村完成了分田工作，有 19 个乡村在下半年相继成立苏维埃政府。

为紧密配合建苏分田运动，潮澄饶县委命令红军分路出击，运用机动灵活的战术，扩大游击战争。在红军的支援下，饶城新区开展了打击地主土豪和抗租抗债斗争。在革命斗争中培养了一批积极分子加入中国共产党，建立石壁、下寨、龙居寨、下坝四个党支部，输送一批青年参军。妇女会积极拥军支前，为红军募集粮食燃料、编织草鞋、缝制军衣。这里成为浮凤区后期的重要游击基地。

二、潮澄饶县委在闽粤边艰苦斗争

1935 年中，国民党第三军第九师邓龙光部攻陷大南山根据地后，把进攻目标转移到潮澄饶根据地，秋溪、登凤等游击区相继陷落。8 月，敌"进剿"浮凤苏区，阻止红军向梅埔丰根据地转移，形成四面夹攻的包围圈。中共潮澄饶县委为保存实力，决定红军和部分机关向待诏山下的石壁、牛皮洞和十二排等地转移，浮凤区委转到十二排石鼓村，县委和县革委暂留凤凰领导苏区人民坚持反"围剿"斗争。

在国民党军的强势进攻下，浮凤苏区主要活动点、联络点所在乡村的群众财物遭到洗劫，房屋、森林被焚烧，红军家属、干部家属被无辜杀害。浮凤区妇女干部刘赛玉、许婵娟在竹根湖隐蔽点突围时不幸被捕。敌人用尽鞭打、火烙、刺指、灌水等酷刑逼供，依然一无所获。许婵娟、刘赛玉坚贞不屈，以无比刚毅的意志顶住敌人的淫威，最后被反动派杀害于坪溪上社村。

1935 年 9 月下旬，潮澄饶县委和革命武装转移至闽南，仅留下浮凤区委书记黄芝固等带领部分武装力量就地坚持斗争。潮澄饶县委和红军撤离苏区后，国民党军及地主民团对附城和十二排游击区疯狂"进剿"。待诏山下的赤色乡村被蹂躏成一片废墟。石壁乡 40 多名农会干部和武装骨干被迫出走南洋，林料毕、张雄、张大海等 18 名农会干部、交通员被杀害。国民党为摧毁十二排革命据点，强令近千民众将纵横十多千米的山林砍光。苏区人民没有被敌人的淫威所屈服，黄芝固继续带领游击队，在当地群众的支持配合下，辗转于苦竹坑、秋云岭、乐岛等地开展斗争。

1935 年 10 月，潮澄饶县委抵达诏安。11 月，中共闽粤边区特委委员何鸣到诏安十八间召开潮澄饶县委扩大会议，决定从潮澄饶县委抽出一批干部组建中共云和诏县委，蔡明任书记，陆位保任潮澄饶县委书记，潮澄饶县委原书记张敏调任特委委员兼云和诏、潮澄饶县委特派员。潮澄饶红军进行全面整编：红三大队、特务大队、卢秋桂短枪队和闽西红九团邓珊部合编为中国工农红军闽粤边区独立营，营长邓珊，政委贝必锡。1936 年 1 月，浮凤区联队、赤卫队、县区武装骨干合编成潮澄饶红军第一大队，大队长卢秋桂，政委曾才炎。2 月，独立营政委贝必锡遭错杀。营长、政委改由卢胜、吴金接任，独立营划归中共闽粤边区特委直接领导。

1936 年 1 月，根据特委指示，中共潮澄饶县委决定在加速开辟饶诏边游击区的同时，以十二排为基点，着手恢复潮澄饶地区。活动在饶诏边游击区的潮澄饶红军第一大队，紧密配合地方武装人员，深入发动群众，把组织农会、赤卫队和"三抗"斗争一直扩展到平和县的大溪及云霄县的车仔圩周围。2 月，坚守在十二排一带活动的浮凤区委试图重建武装，恢复苏区。但由于国民党的高压政策，加上中共闽粤边区特委在"左"倾错误思想的指导下，在潮澄饶、云和诏县委和红军中开展大规模"肃反"运动，恢复工作屡次受挫。直到1936年下半年，闽粤边区特委认识到"肃反"的错误，进行了适当纠正，恢复健全组织活动，革命斗争才在闽粤边区重新发展起来。

三、桃源洞事件

1936年6月，中共闽粤边区特委决定将独立营改编为中国人民红军闽南抗日第一支队，支队长卢胜，政委吴金；潮澄饶红军第一大队改编为中国人民红军闽南抗日第五支队，支队长李金盛，政治部主任刘炳勋。是年秋，国民党一五七师黄涛部纠集饶平、平和、诏安三县地主武装"围剿"闽粤边区革命根据地。第一支队和红三团紧密依靠群众开展游击战争，接连在北蔗、太平等地组织夜间袭击，打得国民党军队蒙头转向。活动于饶诏边境的第五支队坚持深入发动群众，不断扩大农会和革命武装，打击地方反动地主豪绅，拔除了20多个反动据点，巩固和发展了饶诏边游击区。

10月初，第五支队从诏安白叶出发，经水尾（今东山镇水美村）、居豪、大陂坑，进抵桃源洞村（今汤溪镇桃源村）扎营。2日下午，国民党浮山、凤凰、坪溪、饶城驻军及后备队分四路包围桃源洞。红军与敌展开激战，一大批战士英勇地倒在血泊中。当晚红军突围后退入苦竹坑密林隐蔽，甩开敌军尾追。浮凤区委获讯，派出小分队为前导，第五支队迂回绕过敌军封锁线返回闽南。这次"桃源洞事件"，共牺牲红军战士52名、群众2名。事后，第五支队被撤销建制。

四、"漳浦事件""月港事件"的发生

1936年12月下旬，西安事变和平解决，国民党被迫同意合作抗日。

闽粤边区特委根据中央精神，为了国家和民族利益，同国民党驻闽一五七师谈判，达成合作抗日协议，红军第三团改编为福建省保安独立大队，准备开赴抗日前线。

1937年7月14日，红三团和抗日第一支队近千人离开根据地进入漳浦县城。16日，国民党一五七师重兵包围红军驻地，强迫红军缴械，制造了震惊全国的"漳浦事件"。同日，诏安县保安团沈东海部突袭月港村，当场杀害云和诏县委委员罗贵炎，逮捕特委代理书记张敏和出席会议的云和诏、潮澄饶县、区领导干部12人。翌日，张敏等全部被杀害于诏安城郊良峰山下，史称"月港事件"。

土地革命战争时期中共饶平县组织系统简表

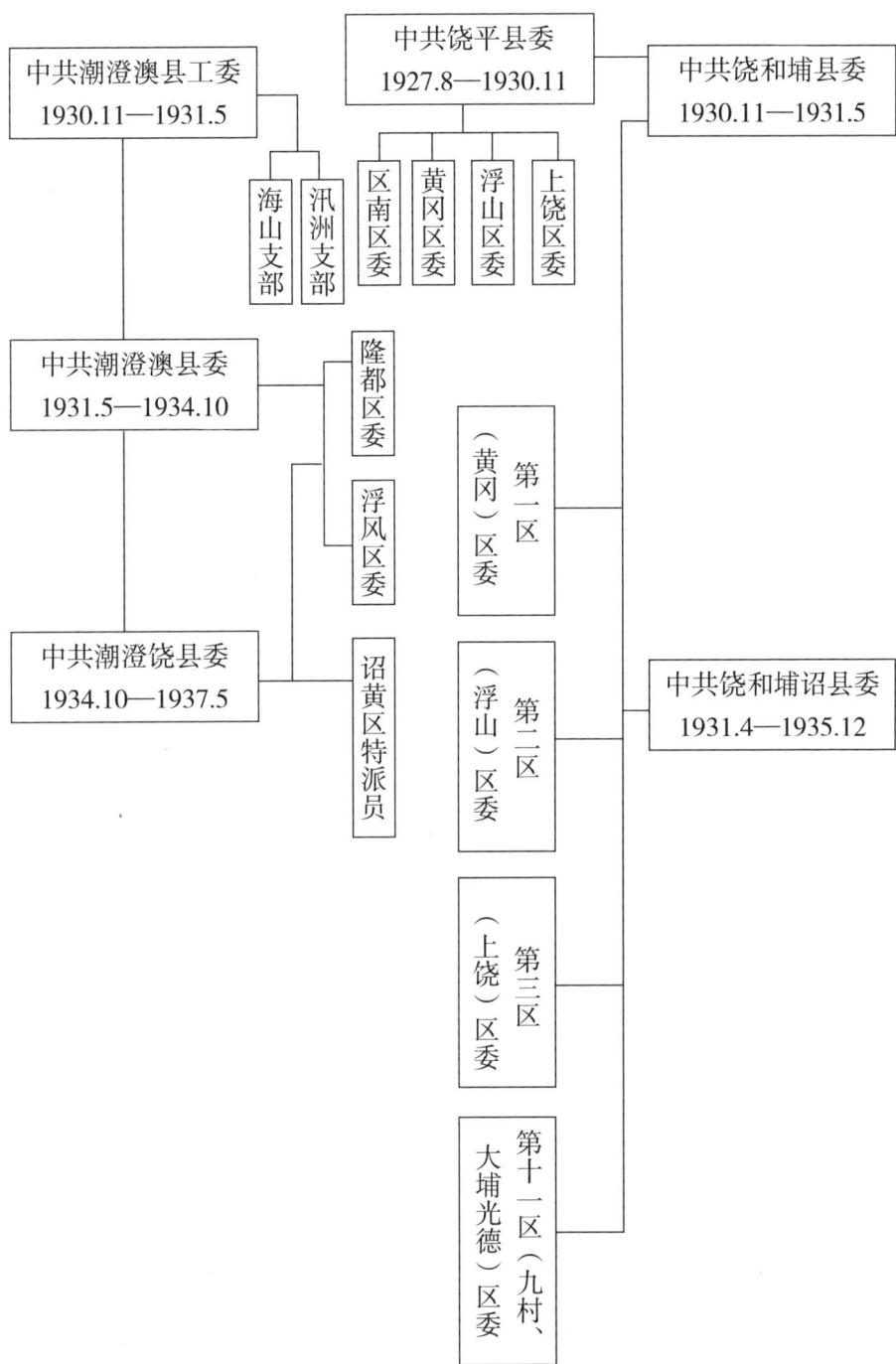

中共饶平县委
1927.8—1930.11

中共潮澄澳县工委
1930.11—1931.5

中共饶和埔县委
1930.11—1931.5

海山支部

汛洲支部

区南区委

黄冈区委

浮山区委

上饶区委

中共潮澄澳县委
1931.5—1934.10

隆都区委

浮风区委

第一区（黄冈）区委

中共潮澄饶县委
1934.10—1937.5

诏黄区特派员

第二区（浮山）区委

中共饶和埔诏县委
1931.4—1935.12

第三区（上饶）区委

第十一区（九村、大埔光德）区委

第三章

全民族抗日战争时期

第一节　饶平党组织的恢复和发展

一、组织恢复活动及领导机构调整

1937 年 7 月 7 日卢沟桥事变，抗日战争全面爆发。中共韩江工委[1]根据中央指示精神，一面通过党组织发动群众，扩大抗日队伍，推动抗日救亡运动；一面在汕头市成立汕头青年救亡同志会[2]（简称汕青救会），协助各地成立青救会基层组织，开展抗日救亡宣传。在潮汕抗日救亡运动蓬勃发展的影响下，中共饶平党组织得到初步的恢复，抗日救亡运动也逐步兴起。

1937 年冬，中共埔东工委在大埔百侯的济美堂秘密成立，着手恢复土地革命战争时期饶和埔的党组织。1938 年上半年起，先后由埔东工委书记曹金华、大埔县委书记肖明在上饶的茂芝和石井审查恢复了党员詹烈英、詹涌波、刘金丹等人的组织关系，成立中共茂芝支部；在上善恢复了 3 名党员的组织关系，成立党小

---

[1]　1936 年 10 月，驻香港的中共中央南方临时工作委员会，派党员李平来潮汕开展抗日救亡工作，恢复和重建党的组织。1937 年 1 月成立中共汕头市支部，不久成立中共韩江工委。

[2]　汕头青年救亡同志会于 1938 年 1 月改名汕头青年抗敌同志会（简称汕青抗）。

组。县内各个党支部成立后，领导当地群众开展抗日救亡运动。

1938 年 9 月下旬，中共闽粤赣边省委 [①] 书记方方到潮汕巡视工作，在澄海岐山召开潮汕中心县委扩大会议，部署备战工作。根据会议的决定，各级党组织开展以备战为中心的抗日救亡运动，发展党组织，发动群众，为开展游击战争做好准备。

1939 年 6 月 21 日，日本侵略军大举侵略潮汕。面对日军的入侵，为了领导群众进行长期的抗日斗争，潮汕党组织领导机构做了相应的调整。根据中共闽西南潮梅特委指示，中共潮汕中心县委于 1939 年 7 月初成立中共潮揭丰边县委，负责领导揭阳、潮安和丰顺部分地区的工作。10 月，潮汕中心县委改称潮澄饶中心县委，书记李平（兼青年部长），组织部长卢叨，宣传部长余永端，敌后工作部长周礼平，情报部长陈维勤，妇委书记方朗（女）。1940 年初，国民党顽固派制造反共摩擦，潮汕的革命形势发生了逆转。为了有利于领导沦陷区的敌后武装斗争和适应国民党统治区域内的隐蔽斗争，中心县委将县委机关移到澄海二区北李，后迁饶平隆都的南溪村。1940 年 12 月，潮澄饶中心县委改为潮澄饶县委，书记李平。饶属辖区有隆都区委、饶丰区委和饶凤浮中心支部。1941 年 7 月又分出潮澄饶汕敌后县委，书记周礼平。

---

① 中共闽粤赣边省委对外称中共闽西南特别委员会，1939 年下半年起称中共闽西南潮梅特别委员会。

二、实行特派员制

1941 年 1 月，国民党顽固派制造了震惊中外的皖南事变。国民党地方当局对共产党组织加紧破坏。国民党饶平县政府成立反共机构"行政效率促进委员会"，制订了详细的反共计划，在深峻、九村、大山、下埔、坪溪、樟溪、大新、店市设立防共联络站破坏饶平境内中共组织。

面对严峻的形势，中共潮澄饶县委贯彻执行了中央关于"隐蔽精干，长期埋伏，积蓄力量，以待时机"的方针和"在有理、有利、有节的原则下，利用国民党一切可以利用的法律、命令和社会习惯所许可的范围，稳扎稳打地进行斗争和积蓄力量""对于地方保甲团体、教育团体、经济团体、军事团体，应广泛地打入之""利用一切可以利用的条件，打入国民党政府的管、教、养、卫各团体中，展开合法与非法相结合的斗争"等策略，进行隐蔽斗争。

1941 年 9 月，为了适应皖南事变后更加恶劣的政治斗争环境，中共南方工作委员会决定将集体领导的党委制改为个人负责的特派员制，实行单线联系，县、区、乡及其他基层单位之内，建立二至三个不相联系的平行系统。在斗争形式上强调采取非法斗争和合法斗争相结合的方针。至年底，潮澄饶县委分为澄饶边县和饶平、饶诏边特派员等；敌后县委改为敌后县特派员。澄饶边县特派员吴南生，副特派员庄明瑞；潮饶边县特派员周礼平，副特派员吴健民；饶平特派员钟声，饶诏边特派员陈谦，敌后县特派员周礼平、王武。实行特派员制后，严格执行秘密工作制度，并在党内开展气节教育和纪律教育，要求党员以社会职业为掩护，在岗位上不要张扬突出；在农村要搞好生产，联系群众，要严格遵守党的纪律，严防组织受破坏，随时准备好口供，以防万一。

三、成立饶凤浮中心支部

为了准备长期的抗日武装斗争，中共潮澄饶中心县委决定在凤凰山区建立党组织。1939年秋，党组织把在汕青抗战时工作队的党员李瑞婉（女）调回原籍凤凰田中村，将钱玩湘（女）调回饶城，调原潮安三区区委宣传委员张旭华及原意溪妇女支部书记黄瑜（化名黄薇）到凤凰。10月，又从普宁调党员巫钦耀和张文声回原籍西四乡（现浮滨）。1940年1月，在凤凰田中村李瑞婉家成立凤凰党支部，书记张旭华，组织委员李瑞婉，宣传委员黄薇。接着调原潮安四区秋浦总支宣传委员刘旭升到凤凰，在启凤小学以教书作掩护，参加支部工作。后因支部党员分散在凤凰、饶城、浮滨三个地区活动，经中心县委同意，凤凰党支部改为饶凤浮中心支部，由中心县委组织部长卢叼负责联系。4月，中心支部迁至饶城城郊的道韵下厝村。张旭华化名张八，黄薇化名张明，两人以姐弟关系和张旭华的母亲及一个小侄儿，组成"家庭"。张八以做小生意为掩护，往来于凤凰、饶城、浮滨联系党员，并到隆都向中心县委汇报工作；张明则以贫苦妇女的身份每日到溪头挑担或上山割草，联系周围的妇女，启发她们的觉悟；张文声则转到饶平一中读书，在校组织进步学生成立学生自治会，公演话剧，开展抗日宣传活动。中心支部成立后，积极培养和发展新党员，在凤凰和道韵吸收了 8 名农民党员，成立了党小组。6 月，中心县委决定饶凤浮中心支部与丰顺隬隍党组织合并成立中共饶丰区委，辖区包括饶、凤、浮和丰顺县的东隬（今丰顺县东部），机关设于东隬，书记邱达生，张旭华任宣传科长兼饶凤浮中心支部书记。

四、中共饶平各级组织全面恢复活动

1944 年秋，为了发展南方的游击战争，以配合全国作战，中共中央于 9 月电复潮梅特委，同意恢复组织活动，开展武装斗争。1945 年 3 月 6 日，中共中央指示：潮、揭、普、惠、潮、澄、饶工作，可以经审查后恢复活动，以组织保卫家乡各种式样的地方性武装为主，未能审查党员则给予任务单独活动①。潮澄饶党组织开始恢复组织活动和开展武装斗争。

---

① 《中央关于开展潮、梅、闽西南工作的指示》，中央档案馆编：《中共中央文件选集》（第十五册），中共中央党校出版社 1991 年版，第 45 页。

1944年10月，周礼平在潮安县的江东佘厝洲召开潮澄饶地下党领导骨干会议，传达中共中央指示和潮梅特委的决定，成立中共潮澄饶县委，书记周礼平，副书记兼组织部长吴健民，宣传部长陈谦（1945年1月到任），委员陈维勤（主办党的刊物《自由韩江》），顾问曾应之。接着派员按级逐人审查，恢复党员组织关系。在恢复组织活动的基础上，建立各级党组织。

1944年10月，县委派陈谦为饶丰边特派员，开始恢复东隘的合口、盐坪、大钱、山丰、陂肚，凤凰的华强、金中等学校，上饶的洋较埠等地方党组织。1945年1月，成立潮饶丰边县工委，书记余昌丰，组织部长罗凡，宣传部长许宏才。陈谦调任潮澄饶县委宣传部长，继续负责恢复樟溪、启新、竹叶岭、雁塔等学校的党组织，并成立了支部或党小组。

饶和埔方面，在闽粤赣中心县委的领导下，于1944年10月成立饶和埔丰县工委，书记张全福，委员黄长胜、廖伟、黄维礼。上善和茂芝党支部也恢复了组织活动。

第二节　抗日救亡运动和民众支前行动

一、饶平的抗日救亡运动

抗战初期，在潮汕各地抗日救亡运动的影响下，饶平各地以进步师生为主体，在学校周围乡村及圩镇开展抗日宣传活动，但由于缺乏组织领导，一段时间后便趋于沉寂。

1938年1月，汕青抗一五五师随军工作队（以下简称为随军工作队）两个分队到饶平沿海地区活动，第一分队由卢根率领进驻钱东，第二分队由罗林率领进驻黄冈，分别成立钱东、黄冈青年抗敌同志会，深入城乡开展抗日宣传。2月下旬，随军工作队由罗林率领，开进饶平的凤凰山区和县城活动，在凤凰山创造建党条件和协助健全饶城青年抗敌同志会组织。3月，以原饶城抗日宣传队为基础，扩大队伍，成立饶城青年抗敌同志会。随军工作队在饶平活动期间，还培养了一批青年妇女骨干，如凤凰的李瑞婉、饶城的钱玩湘等。

青抗会成立之后，在黄冈、钱东、饶城等城镇及其外围乡村开展大规模的抗日宣传活动，主要有演出《放下你的鞭子》《木兰从军》等街头话剧，教唱《义勇军进行曲》《大刀进行曲》等抗日救亡歌曲和《九月十八秋风凉》《做人切勿做汉奸》等潮州歌谣。此外，还开办夜校、识字班，举办抗日报告会、演讲会，出版抗日画刊及举办画展，书写抗日大标语等。黄冈青抗会还邀请真道医院医师向会员讲授防空救护常识，组织救护队和担架队，以备战时需要，动员会员带头募捐，购买棉衣、布鞋、军袋等物品寄送前线。因国民党当局的无理干涉，或限令禁止活动，或强令青抗会负责人离开饶平，甚至遣散青抗会，至1939年下半年，饶平各地青抗会被迫停止活动。

二、民众的抗日支前行动

1938年6月21日，日本海军陆战队300余人，在飞机的掩护下攻占南澳岛。7月上旬，潮汕驻军一五七师一个营与第九区刘志陆的民众抗日自卫团第四大队，组织义勇军反攻南澳，指挥部设于饶平海山的黄隆。海山各村出船出人积极支援。7月10日夜，海山船民运送抗日自卫团第四大队40多人，偷袭南澳的隆澳。从7月14日夜至16日，海山船民后运送反攻部队360多名和一批作战物资登岛，不少船工献出宝贵的生命。

在日军攻占南澳之前，潮汕中心县委便指示青抗会应把工作重点迅速转移到支前方面来。南澳沦陷后，汕青抗随军工作队由队长罗林率领一个小分队，于 7 月下旬进驻与南澳隔海相望的柘林。罗林亲到县城向国民党政府要求拨粮救济，几经交涉，争取到大米 5000 斤，解决了民众燃眉之急。小分队的这一行动深得民心，使得后面的工作更加顺利。经过小分队宣传发动，群众抗敌情绪高涨，恢复了壮丁训练，组织起洗衣队、救护队、担架队、运输队，准备随时抗击日军侵扰。汕青抗随军工作队小分队在饶平的活动，为后来柘林乡民众进行保乡卫土的抗日斗争打下思想和组织基础。小分队于 8 月下旬奉命回汕头。

第三节 党组织的隐蔽斗争

1939 年 6 月 21 日，日军 6 个大队 3000 多人携舰艇 30 多艘、飞机 20 多架，大举侵略潮汕。汕头、潮州很快沦陷。日军所到之处，杀人放火，奸淫掳掠，推行"三光"政策，潮汕人民陷入深重的灾难。饶平地处潮汕东部闽粤边界，沿海的隆都、海山等地又是沦陷区和国民党统治区域的交界地。中共潮澄饶地方组织实行特派员制，并根据斗争的需要，在饶平境内建立隐蔽斗争基地，坚持"三勤"活动，建立地下交通站，与日军和国民党顽固派进行艰苦复杂的斗争。

一、做好统战工作，建立隐蔽斗争基地

潮澄饶党组织根据斗争的需要，有计划地在本县境内建立隐蔽基地，进行隐蔽斗争。从 1941 年初至 1942 年上半年，先后在

饶中、樟溪、沿海、隆都、凤凰[①]建立了五片基地。

在饶中，1943年初，潮梅特委派钟声到饶平任特派员。钟声听取饶凤浮中心支部书记张旭华汇报情况后，决定以饶中的浮滨一带为立足点，建立隐蔽斗争基地。通过地下党员张文声的介绍，钟声化名刘永成到启新小学任教。祖籍饶平的张竞生博士，早年追随孙中山，曾任南北议和团秘书，后留学法国，获哲学博士学位。1920年回国后任北京大学教授，1933年后任广东省实业督办。因不满国民党的腐败，张竞生回到家乡大榕铺村，以"实业救国"为己任，组织修筑饶钱公路，建苗圃，办学校。张竞生曾出任饶平县民众抗敌委员会副主任，在饶中一带民众中享有较高的威望。钟声看到张博士热心绿化荒山、兴办学校，便带领启新小学的学生，把学校周围的荒山和道路绿化起来。他还利用假日到苗圃和张竞生一起劳动，帮助他清理账务。在校里他坚持以身作则，认真教学，深入联系群众，组织球队，开展体育活动，把启新小学办得非常出色，深得家长们的称赞。张博士也把他当作难得的知心朋友。在这段时间，钟声和张文声既团结好学校的同事，又积极做好桥头、溪墘楼、大榕铺、竹叶岭、宫下等村学校校董们的工作。校董们见张博士这样器重钟声，加上钟声真诚待人，对他就更加尊重了。因此，新学年开始时，启新学校和周围乡村的小学聘请教师，都通过钟声、张文声介绍。1942年春，张博士创办农业中学，延请共产党员陈君霸当教导主任。两年间，党组织先

---

① 隆都、凤凰现分属汕头市澄海区、潮州市潮安区。

后把李凯、陈义之、陈以一、杨昭龄、张桐萱等 40 多名党员和同情共产党的人士，安排在饶中西四乡的桥头、大榕铺、溪墘楼、宫下、五祉、坪溪，南四乡的长彬、雁塔，东四乡的居豪、东山等十多所学校任教，形成可靠的隐蔽斗争基地。通过大埔百侯杨姓大士绅杨德昭和大榕的宗亲关系，杨卓亨、杨克利等五名地下党员，得以到大榕追远小学以教师身份隐蔽下来。

1942 年春，应樟溪小学董事长张国栋的邀请，共产党员苏文江到该校任校长。苏文江在潮饶边县副特派员李凯的指导下，利用他和张国栋是老同学的亲密关系，通过思想交谈，从侧面介绍共产党的救国主张，把张争取过来。后来又进一步说服张国栋出任饶平县参议员，从中掌握国民党的动向。继而鼓励张国栋的堂叔张广实出任樟溪乡长，从而在樟溪建立了一个基础稳固的隐蔽点，樟溪成为国民党统治区和沦陷区的交通纽带。潮饶边县特派员吴健民曾在张广实的糖房秘密召开重要会议。蔡初旭、纪式哲等 20 多名中共党员和同情共产党的人士先后隐蔽在这里或从这里转移到其他隐蔽基地。

在沿海地区，1941 年 7 月，饶诏边特派员陈谦，在胞兄陈韬（在群众中颇有威望，且与当地上层人物交好）支持协助下，先后把十多名中共党员安排在霞岱、高埕、大埕、上东等地学校任教。党员邱河玉以在霞岱开小杂货店作掩护。

二、坚持"三勤"艰苦斗争

1942 年 6 月"南委事件"①发生后，中共南方局连续电示：除沦陷区党组织继续活动外，国民党统治区域内的党组织一律停止活动，隔断与暴露地区的组织关系；已暴露的党员要立即撤往游击区，其余党员找社会职业作掩护，扎实做好"勤业、勤学、勤交友"（"三勤"）活动，进行隐蔽斗争。9 月，潮澄饶党组织贯彻执行这一指示精神，在沦陷区的党组织和武装小组由周礼平领导，继续坚持武装斗争；在国民党统治区域内的党组织奉命停止组织活动，暴露身份的党员进行转移。隐蔽在饶中的钟声转移到柘林，化名刘大夫，以行医作掩护，不久转移到隆都；在柘林、东界隐蔽的党组织来不及建立海上武装游击队，奉命停止组织活动，党员陈以一、陈义之等转移到饶中，陈谦、陈铁、黄薇等转移到海山，剩下邱河玉继续在霞岱当小贩；隐蔽在大榕追远小学的大埔党员则于 1943 年上半年全部撤回大埔；许亦涛等几名党员从外地转移至黄冈附近的大澳小学。

在学校以教师身份隐蔽下来的地下党员，认真做好"三勤"活动，建立起良好的群众基础。在榕追远小学任教的地下党员杨卓亨、杨克利等五人，按照组织"努力搞好教学，提高名望，打好上层统战，开展抗日救亡运动，创造条件，建立农村党组织"

---

① 1942 年 5 月 26 日，驻大埔县大埔角的中共南方工作委员会组织部部长郭潜被捕叛变。6 月上旬，南委机关被国民党特务破坏，南委副书记张文彬和宣传部长涂振农在撤退途中不幸被捕，史称"南委事件"。

的要求，经过认真工作，依靠当地社会力量，扩建了新校舍，提高了学生的学业成绩。两年内便培养17名学生考上大埔百侯中学和凤凰的金山中学，打破了西四乡历史上没人上过中学的文化落后局面。在柘林的霞岱村小学，原来的学生自由散漫，逃学现象经常发生，经地下党员陈以一等深入教育、耐心引导，学生们完全变了样，不单日间人人争着到校读书，没有缺课现象，甚至晚上、清早还点着豆油灯读书，到处书声琅琅。

1943年潮汕地区闹饥荒，加上霍乱疫病流行，民众四处逃荒。隐蔽在饶平的共产党员，既挣扎在饥饿线上，又要时刻提防国民党的搜捕，处境极为艰难。隐蔽在霞岱的邱河玉，小店遭海盗抢劫，只得以担盐和打零工度生，甚至因给富户抬感染霍乱的尸体而险些丧命。共产党员陈谦等转移到海山后，劝说村里的乡亲将公偿谷拿出来接济断粮群众，并动员乡亲同舟共济，共渡难关。

从转入隐蔽斗争到停止活动的五年间，隐蔽在饶平的党员，经历了艰苦的斗争，没有一个组织受破坏、一个党员被捕杀，也没有一个党员叛变投敌、出卖组织，从而为党保护了大批的骨干，培养了一批新生的革命苗子，并争取团结了张竞生、张国栋等一批爱国抗日的民主人士，为以后的革命斗争积蓄了力量。

三、建立地下交通站

在整个隐蔽斗争和停止组织活动期间，潮澄饶党组织和沦陷区的敌后武装组织，为了保持与闽西南潮梅特委及以后的留守机关的联系，在饶平境内建立了一批秘密的地下交通站。其中主要有竹叶岭联络站、浮山政治交通站、上饶洋较埠交通站、新丰交通站和黄冈霞绕交通站。

竹叶岭联络站　1941年底钟声到饶中建立隐蔽斗争基地时，在浮滨竹叶岭张文声家设立了叶竹岭联络站。1942年下半年，林泽坚从揭阳转到大榕铺维新小学任教，后由组织介绍与张文声结婚，夫妇共同担负联络站的工作。到饶中一带隐蔽的党员和同情分子，多经此联络站介绍到隐蔽点去。这个站一直坚持到解放战争时期。

浮山圩政治交通站　1942初，由潮澄饶汕敌后党组织负责人周礼平派陈应锐于浮山圩王金城鼎厂附近设立。该站是潮梅特委负责人李碧山等与周礼平的直接联系点。李碧山、周礼平都曾到过这里。"南委事件"后，从陆路撤退的领导人，如南委秘书长姚铎（后叛变）夫妇和江西省委谢育才夫妇等，都经这里下潮汕。该站于1943年底结束。

上饶洋较埠和新丰交通站　1943年2月，潮澄饶敌后党组织派蔡荣胜（阿永）以亲戚关系到洋较埠圩东北的八角楼建站，1944年由吴荣接任，至1945年6月撤销。新丰交通站建立于

1943年4月，由周礼平派隆都区副特派员邱逸群负责，他们以开小店卖旧衣作掩护。1944年9月，党组织派林正昭接替工作。这两个站与潮梅特委留守机关联系密切。林莲、林月等女交通员经常肩挑重担，从敌后游击队据点潮安江东佘厝洲出发，跋涉240里，沿途还要通过沦陷区的日伪封锁线和国统区的哨站十多处，及时把敌后游击队在斗争中筹集的钱财和情报送到领导机关，又带回领导机关的文件和指示。

黄冈霞绕交通站　设于黄冈霞绕灰埕头，是联系闽粤方面的交通线。1943年春由潮澄饶敌占区党组织派李民禧、陈列明夫妇到霞绕设站。两人以洗帽（即圆毡帽）和卖旧衣为掩护，担负传递消息、筹集经费、护送人员的重任。1944年陈华君奉调到霞绕站工作。她原是敌后上中区特派员，来饶平时，把未满周岁的儿子寄养在群众家里，只身住在山上村，与当地妇女一道挑盐担货到闽南诏安一带，依靠微薄的工钱维持生活。1946年，陈华君因生活艰苦、积劳成疾、缺医少药，患病逝世。

第四节　坚持抗日武装斗争直至全面胜利

一、沿海民众保乡卫土的斗争

饶平沿海各地民众的抗日武装斗争历程可分为三个阶段：

第一阶段是 1942 年秋以前，多数出于民族仇恨的自发行动。1939 年 9 月 24 日，一架日机降落在东界大埕双溪西侧的沙埔上，上东和大埕村的民众拿着刀、枪、锄头冲到飞机降落的地点，抓获日军 1 名，并当场打死。同年 12 月，伪闽粤边司令黄大伟部，在福建诏安被国民党七十五师打败后，部分散兵退到饶平东界的上东村，企图从柘林乘船逃走。黄大伟的参谋长林知渊和秘书周定，被村民陈清鱼等俘虏。周定被民众吊死在山上的松柏树下，林知渊被捆送饶平县政府。事后，国民党饶平县政府送给上东村一块匾额，上书"平藩东国"。

第二阶段是 1942 年秋至 1943 年，饶平民众开始有组织的抗日行动。最突出的是吴乌森智劫日轮事件。日伪翁尚功部占领汛洲岛，派轮船为日军运输物资，并在柘林湾海面上横行霸道，抢掠商船、渔船，民众深受其害。活动于东界、柘林一带海上的海盗吴乌森部，激于民族仇恨，于 1942 年 11 月 30 日夜分兵两路：一路乘船偷袭汛洲岛的伪军，以作掩护；一路奇袭停泊于东石小门海面的日伪货轮，成功夺货轮 2 艘，并俘虏十多名日伪兵。沿海群众将此事编成民谣："天顶雷公，地下乌森；打倒鬼子，敢当先锋；强夺敌船，立下战功。"

日伪军轮船被夺后，翁尚功部首先烧劫汛洲岛泄愤，烧去民房 28 间，拆毁 13 间，村民包括牲畜在内的物资被抢光，民众来不及逃走者被杀死。同年 12 月 22 日，翁部又集数百人，乘船分二路入侵柘林和龙湾村。龙湾村群众奋起抵抗，大港的民众闻警前来助战。吴乌森在战斗中伤重身亡。日伪军烧毁部分民房之后，在民众抗击下撤回汛洲。战斗结束后，饶平县当局送给龙湾一块牌匾，上写"英勇杀敌"，以示嘉奖。

第三阶段是 1944 年以后，民众保乡卫土的组织进一步发展，抗日声势汹涌。1943 年 11 月中旬，澄海樟东和饶属隆都沦陷后，钱东首当其冲。在敌后抗日武装活动的影响下，民众出于保乡卫土的迫切意愿，成立了钱东民众抗敌委员会，订立"一乡受敌，各乡支援"的抗日公约，以各乡的守菁队为主力，组织抗日后备队，并于 1944 年 3 月成立一支拥有一定实力的钱东区抗日自卫中队，驻钱塘、西港二乡。

1944 年 1 月 25 日（农历正月初一），驻樟东的日伪军 200 余人侵入仙洲乡的草尾社。村民陈广发现后鸣枪报警，抗日后备队闻警纷纷驰援。一时杀声震天，日伪军仓皇撤退。此役击毙日伪军数名，俘虏二名，并缴获一批战利品，但仙洲乡也被抢去一批物资，乡民陈木成、陈泉两人在战斗中负伤。七天后，日伪军再举重兵分三路进攻仙洲：一路由新乡奔袭草尾社，一路从澄海塭头乡进逼仙洲，一路由海山黄隆乡渡海袭来。仙洲乡民众首先奋起迎战。钱东抗日自卫队和灰寨、钱塘、紫云、上下浮山、沈厝等乡民众武装共 2000 余人，拿着各式武器，从四面八方赶来助战，声势浩大，再一次把日伪军击退。

10 月 28 日清晨，日伪军 100 余人带同"布袋队"（跟随来抢劫），包围驻仙洲与塔护交界的麦厝山的饶平自卫中队刘道扬部一个分队。分队 30 多人，只有四五人突围逃脱，其余被当场击毙或活埋。日伪军再次烧毁塔护村，入侵仙洲、峙头，共烧毁 100 多间民房，并抢走大批物资。钱东民众和驻西港的国民党军赶来参战，在孟臣堤上展开激烈战斗，终把日伪军打退。

沿海民众的抗日斗争，一直坚持至 1945 年 8 月日本投降才停止。

二、扩大抗日武装斗争和居西溜战斗

为了发展南方的游击战争，以配合全国作战，1944 年秋，中共潮澄饶县委按上级要求恢复组织活动，中心任务是组织扩大抗日武装斗争。

1945 年 1 月，中共潮澄饶县委决定主要领导力量分为二线：

周礼平主管第一线，领导武装斗争；吴健民主管第二线，负责地方党组织的隐蔽斗争。县委决定在建立公开抗日武装的同时，抓紧发展和扩大地下军组织；建立比较完整的交通联络网，加强对敌友我和社会情况的调查研究；扩大抗日统一战线，派员打入敌人内部掌握情况；加强对抗日胜利的宣传，以鼓舞群众的斗志。由于中共潮澄饶县委驻隆都樟籍，日伪饶平县政府设在隆都店市，隆都成为敌我争夺的重要地区。

2月，周礼平派陈汉为潮饶丰特派员，在凤凰山一带为开展武装斗争做准备工作。在凤凰山东南侧的坪溪，通过党员杨玉坤等组织地下游击小组，发展了农民积极分子刘春永等10人，成立地下军，继而通过地下军成员，掌握坪溪东里村守菁队的枪支。在东里村建立新的联络站，作为潮安和饶中之间的联系点，使沦陷区至上饶的交通线保持畅通。

3月，中共潮澄饶县委以敌后游击小组为基础，吸收各地地下军的部分骨干，正式建立潮汕人民抗日游击队敌后游击小队，全队六七十人，负责人蔡子明、李亮，由周礼平直接领导。随后，敌后游击队奇袭潮安彩塘日伪警察所及区署、潮安东凤日伪警察所及税务处，攻打驻饶平隆都下寨的日伪军保安中队一个分队。

1945年6月，根据中共广东省临委的指示，潮汕人民抗日游击队扩编为广东人民抗日游击队韩江纵队，属临委领导。这时，中共潮澄饶县委书记由吴健民担任，陈谦为副书记，周礼平负责领导武装部队。8月中旬，中共潮澄饶县委领导的抗日武装除留一支小队伍在平原继续筹款外，分批转到潮揭丰边集结，与钟声等领导的揭阳独立大队、陈子诚领导的普宁一个中队汇合，在居西溜成立广东人民抗日游击队韩江纵队第一支队，约300人。支队长兼政委周礼平，副支队长李亮，政治处主任钟声。探知韩纵一支成立的消息后，8月17日，国民党一八六师一个营，潮澄饶的洪之政、吴大柴部，驻揭阳县的吴铁锋、吴慰文挺进队等共600余人，配轻重机20余挺，围攻韩纵一支队部及第三中队驻地居西溜。在战斗中，政委周礼平等12人壮烈牺牲。

李亮率支队突围后，吴健民接替周礼平的工作（县委工作由陈谦接替），队伍开到平原敌占区。9月初，在潮安三洲寮进行整编，把剩下的200多人分为三个中队：第一中队中队长陈子诚，第二中队中队长方玉人，第三中队中队长许杰。

三、抗日战争胜利

1945年8月15日，日本宣布无条件投降。9月2日，日本天皇和政府以及日本大本营的代表在投降书上签字。全民族抗日战争取得胜利。9月3日，全县民众举行抗战胜利庆祝活动。饶平县城和黄冈到处高搭彩楼，民众手举彩旗，一片欢腾。饶平人民群众渴望建立一个民主和平的中国，以便休养生息，重建家园。9月17日，驻汕日军一三〇旅团及潮汕警备司令部属下的全部日军到汕头的礐石集中待命，驻潮汕的日军约4900人。9月28日日军投降仪式在汕头市举行，日军代表富田直亮少将向中国代表十二集团军副总司令徐景唐递交投降书。随后，饶平县政府派员接管驻隆都的日伪饶平县政府机关。

全面抗战时期中共饶平县组织系统简表

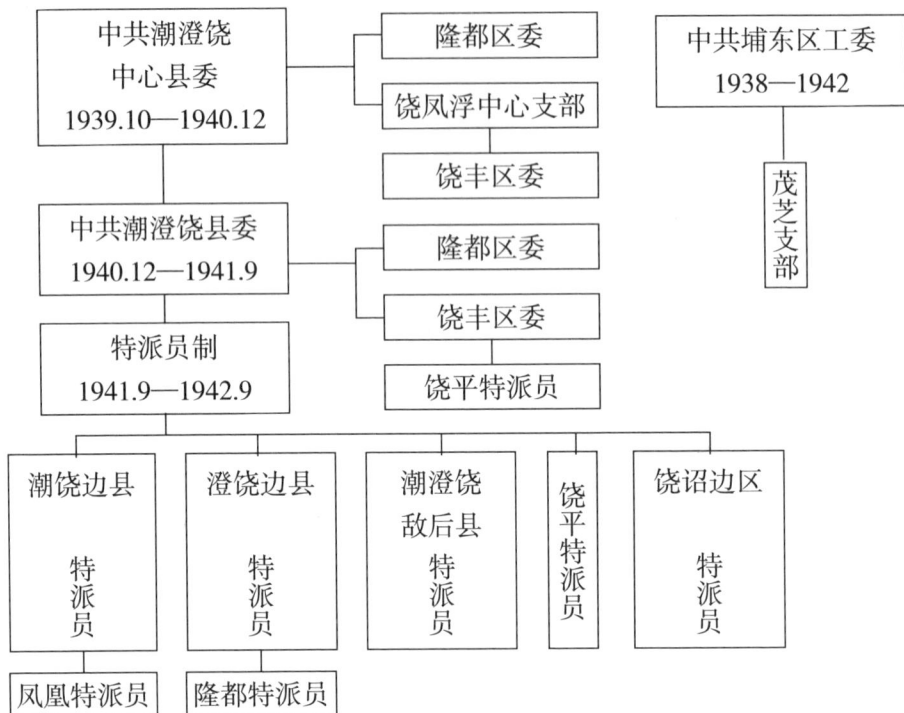

```
中共潮澄饶                    隆都区委            中共埔东区工委
中心县委                                          1938—1942
1939.10—1940.12              饶凤浮中心支部

                             饶丰区委                  茂芝支部

中共潮澄饶县委                隆都区委
1940.12—1941.9
                             饶丰区委
特派员制
1941.9—1942.9                饶平特派员

潮饶边县    澄饶边县    潮澄饶    饶平    饶诏边区
特派员      特派员      敌后县    特派    特派员
                       特派员    员

凤凰特派员   隆都特派员
```

恢复活动后的组织系统

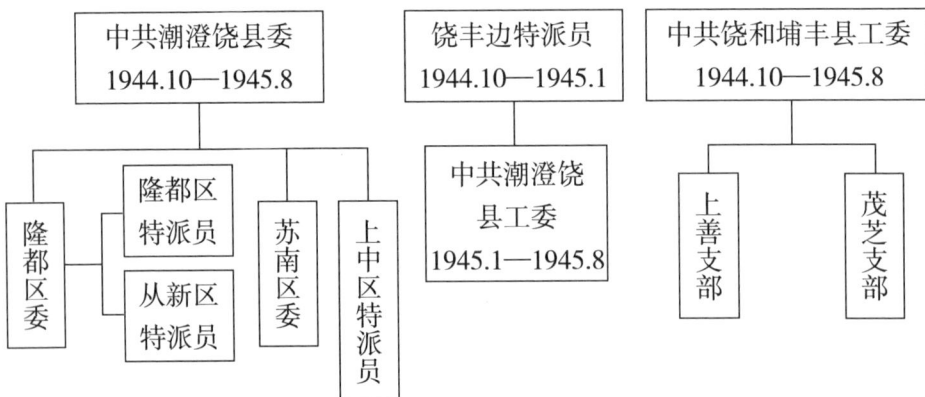

```
中共潮澄饶县委              饶丰边特派员          中共饶和埔丰县工委
1944.10—1945.8            1944.10—1945.1       1944.10—1945.8

                          中共潮澄饶
隆都区  隆都区  苏南区  上中区   县工委        上善支部   茂芝支部
委      特派员  委      特派员   1945.1—1945.8
        从新区
        特派员
```

第四章
解放战争时期

第一节　精简部队，隐蔽待机

一、组织调整

1945 年 11 月，经中共中央批准，中共潮汕特委在丰顺八乡山成立。12 月，潮澄饶县委和潮饶丰县工委调整为澄饶县工委和潮安县工委。党组织在 3 个月内彻底转入地下，已暴露的人员实施转移。1946 年 1 月，澄饶县工委改为澄饶丰县委，书记陈谦，负责联系海山、大澳、柘林、黄冈；组织部长陈锐志，负责联系上饶、附城、饶中的坪溪、浮山、浮滨、东山、长彬等。

1946 年初，成立中共饶和埔丰县委，书记廖伟。同时，黄维礼任中共饶和埔丰诏县委特派员。在黄维礼领导下饶属有双善、茂芝支部。1946 年 2 月，中共闽粤边临委决定攻打大埔县高陂，解决经济困难。2 月 21 日，刘永生率领的王涛、长胜支队到上善集结。25 日袭击大埔高陂银行和乡公所，缴获长短枪一批、国币3000 万元。次日部队转入饶平县的九村，经陈坑到茂芝圩，深夜抵上善。此役影响极大，群众欢呼"红军又回来了！"

二、隐蔽斗争

1946 年 6 月 30 日，韩江纵队奉命北撤。东纵北撤后，国民党广东当局违背"保证东纵复员人员安全"的诺言，借肃清"土匪"之名，行搜捕中共党员之实。饶平县国民政府成立县党工干部会议的"肃奸"组织，专门研究全县"奸匪"活动情况。同时成立了"肃奸特务队"。在县府及各中学校内成立"防共"小组，搜集中共地下党的活动情况。8 月 31 日，县自卫队一中队会同保警二中队"围剿"上善鸟市里村，中共埔东区委宣传委员张海衡夫妇被捕。9 月 10 日，区委书记刘登楚被捕（后在大埔遭杀害）。10 月 24 日，上善党员许广盛、许谨被捕。

此时，潮澄饶党组织已转入地下斗争，对已暴露人员，一部分调换地区安置到学校教书或自寻职业隐蔽，一部分安排向海外疏散，只保留一支武装小队伍，由赵崇护带领（初曾由蔡天富任队长，许麟炯任副队长）。从 1946 年起至 1947 年到饶平以教书隐蔽的有：在海山岛，党组织通过浮任中心小学校长陈韬，安排了蔡初旭（女）等四人（党员两名）在东仙头小学；邱峰、许士杰等八人（党员四名）在浮任小学；陈家富、许肃等四人（党员两名）在坂上小学，并于 1946 年下半年成立支部。在饶中，则由张文声通过原来的统战关系进行安置，在樟溪小学有纪式哲、余卓芬（女）等三人（党员两名）；坪溪小学有杨玉坤、陈剑青等八人（党员两名）；浮滨启新学校及周围学校有陈续豪、黄若影等七人（党员六名）；长彬小学有张文声、李长彬等六人（党员三名）；东山小学及周围学校有陈孝乾、李世海、赵崇护等八人（党员七名）。隐蔽在县城郊区南厢乡小学（今南联）的有许拱明等三人（党员两名）。

这些学校是抗日时期开辟的隐蔽点，统战工作和群众关系都有较好的基础。隐蔽人员认真执行上级"三勤"的指示，开展统战和群众工作，既积蓄了力量，又为后来饶平开展武装斗争做了很好的准备。

1946年12月，中共澄饶丰县委调陈义之为特派员。1947年3月派黄若影为饶中特派员，联系隐蔽在学校中的党员。中共饶和埔党组织也于1946年下半年转入隐蔽斗争。黄维礼、黄大水、罗克群等二三人为一组，分散在基础较好的山村，化装成农民，与当地群众一起上山砍柴、烧炭，关心群众疾苦，同群众结下亲密关系。

第二节　恢复武装斗争，建立游击基地

一、建立莲花山武装活动基点

1946 年 12 月，中共香港分局遵照中共《对南方各省工作的指示》，作出恢复广东武装斗争的决定。1947 年 5 月，中共潮汕地委召开会议，传达香港分局指示，确定建立大北山、大南山、凤凰山等根据地；同时确定以反"三征"为斗争中心内容，成立抗征队，深入发动群众，广泛开展游击战争。同月，潮澄饶武装基干队在钱东卓花村成立，队员有十三四人，队长赵崇护。基干队的任务：为扩大武装斗争，继续解决经费；经营好卓花农场，巩固这个基点；做好侦察调查，准备袭击国民党的警察所和乡公所。

卓花村在莲花山西北麓，属饶平县钱东区黄径乡的一个小山村，是当年中共潮澄澳县委武装活动的游击区。1946 年初，潮澄饶党组织先后派徐明征、陈镇强、李通、陈续豪、余卓芬（女）到卓花村以开荒谋生为掩护，在劳动中联系当地群众。卓花村有个建业农场，是澄海樟林人陈府扬开办的。陈在樟林有一定的社会地位，土地革命时期参加过斗争，对共产党有一定认识，同情革命，与洪之政也有交往。党组织认为可以利用农场作掩护建立武装活动立足点，派陈锐志做陈府扬的工作。陈府扬同意联合经营农场。此后，赵崇护带领的武装小队人员以场员身份作掩护，出击潜伏、迂回转动、总结休整、军事训练等，都使用这个点。

潮澄饶武装基干队成立后，利用夜间秘密进行军事训练。除徐明征、黄郭宜和许立等常住卓花村，其余人员分散活动，有任务时才集中。为了加强队伍的领导，调潮安县工委书记陈汉到基干队任政委，并筹划以武装基干队为主力，吸收平原地区的游击小组成员，"吃掉"平原一些国民党基层政权的武装，锻炼自己，逐步扩大武装斗争规模。

二、山工委成立

根据潮汕地委决定，1947年8月初，中共潮澄饶丰山地工作委员会（简称"山工委"）成立，书记陈义之，组织部长赵崇护，宣传部长陈维扬。山工委主要任务是发动群众，组织武装队伍，建立凤凰山根据地。赵崇护负责领导武装队伍，饶平的钱东、浮山、饶城一带工作由陈义之负责。

山工委成立后，参加武装队伍的人员秘密集中到卓花村建业农场。8月12日，在武装基干队的基础上改组成立了第一政治武装工作队，全队 18 人。吴健民主持成立大会，作了关于政治形势的报告，并任命赵崇护为队长，许立为副队长，许云勤为指导员。队员们白天下地劳动，夜晚秘密进行军事训练，还到附近乡村宣传发动群众。卓花村成为革命活动据点，被称为"二老家"①。

经过几个月的准备，山工委武装队伍成功袭击扼守潮澄饶三县交通要冲的澄海樟林乡公所，缴获一批枪械弹药，并散发《潮汕人民抗征队告各界同胞书》，号召人民群众团结起来，抗击国民党的"征兵、征粮、征税"，随后按计划向凤凰山转移。袭击樟林乡公所胜利之仗，打响了潮澄饶恢复武装斗争的第一枪，揭开了潮澄饶解放战争的序幕。

三、开辟上饶游击区

在潮澄饶党组织恢复武装斗争的同时，属粤东地委领导的中共饶和埔丰边县工委，于 1947 年 7 月成立，同年 12 月改为中共饶和埔丰诏县委，书记黄维礼。县委领导的武装基干队扩建为粤东支队独立第五大队，大队长黄曦。县委在饶平北部与大埔县、平和县交界的上饶区双善一带，发动群众抗"三征"、收缴地主枪支，打击国民党基层政权，恢复苏区，巩固扩大游击区，上饶地

---

① "老家"是当地革命战士对革命据点的爱称。他们称抗日时期在潮安江东佘厝洲的据点为"一老家"，称莲花山卓花村为"二老家"。

区的游击斗争重新发展起来。

1948年3月12日，独立第五大队联合粤东支队第三中队、闽南支队两个中队共200多人，袭击驻上饶区陈坑的国民党詹春霖保警中队，破开太平圩谷仓，没收粮食9000多公斤分给附近农民，并向群众宣传"抗三征"政策。

在队长李奋的率领下，活动于饶和埔诏边境和饶平双善地区的独五大队第四分队，经过两个多月的努力，建立了农会，发展基干民兵50多人，打通联结闽南支队的交通线。8月，独五大队副政委钟盈在柏嵩关红宫子成立上饶武工队，在石井建立了立足点，并向白花洋、建饶一带发展。

9月，双善老苏区的武工队、民兵和群众，经过半年多的艰苦斗争，除深峻反动据点被孤立外，其他地方皆属较稳固的游击区。是年冬，中共双善区委于西岩山茶寮成立，辖区委机关、上善、下善三个党支部。与此同时，上饶西侧的九村、附城北部的桃园和田仔山一带分别成立九村武工队、田仔山武工队。他们从发动群众清理公偿入手，帮助农民解决生活困难，秋收时率众进行减租减息。群众得到实际利益，参加斗争激情高涨，很快形成饶平北部游击区。

1948年10月上旬，刘永生率领粤东支队一部，从双善出发向建饶地区进军。11日下午，行至石井东面犁头崀，遭保警三中队詹春霖部、保警二中队周乃登部联合截击，队伍转移至东岩寺休整。13日上午，在刘永生的指挥下，分三路组织反击，保警中队全面溃逃。粤东支队一团政委杨建昌（杨水）在观察敌情时中弹牺牲。

1948 年 12 月 29 日夜，上饶武工队配合边一团，分三路袭击许坑大楼、老圩坪、茂芝圩，成功击溃国民党茂芝自卫队，处决叛徒、反动地主、保长等若干名。这次战斗后，上饶武工队 30 多人随边一团教导队到西岩山岗整训。边一团留吴耀率一个工作组接替武工队，在茂贝一带活动。上饶武工队整训后，编入边纵部队，参加了 1949 年 1 月初解放大埔湖寮的战斗。

四、开辟饶中，联结闽南

1948 年 3 月初，潮澄饶丰人民武装队伍集中凤凰山区的三洲寮进行整训。9 日成立潮澄饶丰武装工作委员会（简称"武工委"），并对 110 多人的武装队伍进行改编。整编后的队伍包括第四突击队（简称"四突"）、第五中队、第六中队、第一武工队、第二武工队、第三武工队。不久又成立第七武工队。其中，第五中队是部队的主力，有 50 多人枪，由陈义之随队指导，挺进大山、饶中一带开辟新区，争取联结闽南。

在大山、坪溪山寮一带初步打开局面后，1948 年 8 月初第五中队在西四乡属的十二排牛角厝成立了十二武工队，陈剑青任队长，张桐萱任副队长，任务是配合主力部队，开辟饶中新区和打通与闽南的联系。第五中队开进十二排山寮时，斗争极其艰苦。

这里是土地革命时期浮凤苏区的一部分，遭受过国民党军的严重摧残，群众尚有顾虑。国民党军队发现第五中队在这一带活动，便加紧与地方反动势力勾结，四处派出侦探，尾随不放。面对这种情况，必须迅速组织打击地方的反动势力，才能发动群众，打开局面。为此，第五中队和十二武工队于8月18日夜组织大山的民兵，突袭下庵（凤凰与饶中的交通要道），惩办反动头子。接着又成功袭击了西四乡公所，打开了局面。武工队抓紧深入发动群众抗"三征"，在牛角厝建立起斗争基点，并以此向周围发展，组织起民兵和基干民兵队，建立了游击基地，把力量伸展至五祉、大榕和南面山寮。

在饶平中部与福建交界的八仙山，向东可延伸至闽南游击基地乌山，向西经饶中盆地与凤凰相接。从十二排游击基地出发，经五祉、犁壁面、土坑、灯塔、苗田、冯田、下蔡，到诏安县境，这条路线是土地革命时期红军的重要交通线。1948年7月间，中共中央香港分局指示，潮澄饶丰武装力量要尽快与活动于饶诏边一带的闽南游击队取得联系，以便配合作战。为进军闽南，韩江支队十一团五连和十二武工队经常在八仙山一带活动，并在下礁（今新圩镇霞光村）对接上闽南部队。8月22日晚，五连和十二武工队共50余人，经过艰苦的夜行军，越过黄冈河和国民党的封锁线，于24日晚抵达乌山的水晶坪。会师后，五连配合闽南部队在饶诏边界活动，十二武工队回饶中开辟南四游击区，扫清饶中游击走廊障碍。五连配合闽南第三大队在诏安境内消灭了国民党一个乡公所的武装，袭击西场盐警，于9月10日回到八仙山。

9月17日晚，五连突袭距黄冈仅有10里的古笃村，击溃国民党驻军二三百人。此役对国民党饶平当局震动很大。

1948年10月，十二武工队在饶中盆地的多个村落建立联络点饶中走廊初步打通。饶平县国民党统治区域被这拦腰一截，黄冈、饶城出现孤立局面。

1948年10月，成立饶中区委，陈义之兼任区委书记，副书记陈剑青，组织委员陈孝乾，宣传委员张桐萱。同时扩编成立三支武工队：西四武工队，队长李培聪，活动于浮溪至十二排一带山区；南四武工队，队长张桐萱（兼），活动于黄冈河东岸；东四武工队，队长陈孝乾（兼），以桃源、乐岛为基地，逐步扩展至白沙潭、半径、青竹径等村，并向居豪大村发展。11月底，五连在开辟饶中走廊之后，上调边纵。留下的少数骨干，吸收部分基干民兵组建龙连。全连队20多人，黄郭宜任连长。

11月初，广东保安独立第十一营王国权部300多人，在吴大柴、林追光、吴思义等地方部队的配合下，对饶中进行大"扫荡"。国民党又加紧在饶中强迫各乡成立联防队，各村围篱设栅。饶中区委于宫下马脚寮及时召开武工队骨干会议，到会20多人，由陈义之主持。会议强调饶中的任务是牵制国民党主要兵力，以便我主力部队围歼凤凰之敌，争取早日建立凤凰山根据地。会后，武工队领导人深入饶中发动群众，组织基干民兵开展游击战。

第三节　解放区建设和游击区蓬勃发展

一、上饶解放区的形成

随着全国解放战争形势的迅猛发展，中共闽粤赣边区工委于1948年8月7日至24日在大埔县上漳村召开党代表会议，选举产生闽粤赣边区党委，下辖梅州、潮汕、韩东、闽西、闽南五个地委。边区代表会议后，中共韩东地委于大埔角成立，地委书记黄维礼，副书记吴健民兼组织部长，宣传部长李习楷。下辖潮饶丰（山地）、潮澄饶（平原）、饶埔丰、饶和埔四个县委和汕头市地下党组织，地委机关设于凤凰山的凤南。

至1948年底，中共饶和埔的武装力量由独五大队发展为十三团，有400多人枪，建立了以西岩山为中心的饶和埔丰游击根据地；潮澄饶的韩支十一团和所属的地方部队，发展至1500人，形成凤凰山游击根据地。

1949年1月1日，中国人民解放军总部发布成立闽粤赣边纵队的命令，中共闽粤赣边区党委召开军民庆祝大会，在潮澄饶地区开展武装斗争的韩江支队编为第四支队，全县游击区迅猛发展。

潮澄饶、饶和埔的解放战争进入新的进攻阶段。

1949 年 1 月，韩支十一团各连和平原突击队成功解放凤凰圩，开始解放区的巩固和建设。同月，十三团配合边纵直属部队，一举解放大埔重镇湖寮，全歼守敌，使上饶和大埔的解放区连成一片。由吴耀率领的上饶武工队，迅速进入茂芝、康贝、石井一带活动。1949 年 2 月，中共上饶区委成立，书记吴耀。

1949 年初，活动于上饶西部的九村游击区、田仔山游击区的武工队也得到迅速发展。九村武工队发展至 20 多人；洞泉、锡坑、三斗坑三个基干民兵队 100 多人，开始向接近新丰的葵坑发展。3 月，田仔山武工队在田仔山建立了游击基地，组织民兵抗击保警队及张辉光部的进攻，革命活动已发展至饶城的西陂、官田、溁溪等乡村，进逼新丰，威胁饶城。

4 月 13 日，第四支队第十三团进攻新丰圩，国民党军仓皇撤退。至此，上饶地区除新丰、葵坑外，水口以上地区都告解放，中共双善区委和上饶区委合并为中共上饶区委，原上饶武工队改为茂芝、石井、陈坑三个政工队，上饶解放区初步形成。5 月 10 日，在埔坪山坡上召开万人大会，庆祝上饶解放。

二、饶中游击区的蓬勃发展

凤凰的解放，促进了饶中游击区的迅速发展。在饶中区委的领导下，西四、东四、南西三个武工队，组织群众迅速铲除国民党地方反动势力。

1949年2月，饶中区委在南面成立了青岚武工队，队长李克干（后为赵拾）。同月下旬，武工队和十二排、南面民兵，成功突袭南面柘林仔村，整个南面便成为较稳固的游击区了。不久，南面游击区扩展至石槽、土坑，逼近洪之政老巢——樟溪青岚。5月9日，接到钱东地下人员送来的情报，得知洪之政将于11日从钱东乘车往饶城接任饶平县长，青岚武工队即联合南四武工队率十二排、南面的基干民兵于土坑山设伏，将洪之政派出的车辆炸坏。洪之政听到爆炸声，即掉转车头逃回。自此，洪之政不敢到饶城赴任，县政务交主任秘书洪己任代理。

1949年春，南四武工队与闽南兄弟部队联合建立武工队后，上级调秋荣区委杨玉坤担任联合武工队长。武工队在下蔡建立基点后，不断扩大控制范围。属于闽粤交界八仙山范围的渔村、冯田、南山、市田、曲河等村完全被武工队控制。3月26日，联合武工队配合部队第二次袭击设于长彬的南四乡公所，开仓济贫。此后南四游击区伸展至大陂和黄浮公路中段的西山、安民一带。

由陈孝乾率领的东四武工队，以汤溪乐岛、桃源等村为基地，进入居豪、东山等地。1949年3月23日，武工队配合闽南部队奇袭东山圩，成功占领东四乡公所。至5月，东四游击区与闽南部队开辟的双罗、水美、建饶连成一片。

在饶中各武工队开辟游击区的过程中，游击基地各村的农会和基干民兵在保卫和巩固游击基地斗争中，发挥重要作用。1949

年春，与凤凰解放区相连的径楼、竹丛脚、十二排、桃源、乐岛、南面山寮各村连成较稳固的游击基地。饶中区委经常在这一带，研究部署工作。竹丛脚村是区委的主要驻地，区委在这里设立了简易的修械所、医务所、临时粮仓和供应站，在径楼设立了临时看守所。从饶中各地运来的粮食和军用物资，都集中在竹丛脚，再从这里调运入凤凰。

1949年4月初，由于十二排、南面山寮、桃源、乐岛已成为连片游击区，驻大榕中段村的林追光部撤至溪墘楼水头祠。不久，由周水亭保警中队一部接防。水头祠附近还驻有西四乡联防队100多人。周水亭另分一部兵力，驻于东面3华里的浮滨圩，以便互相接应。这两个据点是浮山吴大柴保警大队部的西侧前哨，是凤凰解放区通往闽南解放区通道的障碍。周水亭部经常到寨上、大榕、中段一带骚扰抢掠，群众恨之入骨。5月下旬，中国人民解放军闽粤赣边纵队第四支队集中了十一、十五团和西四武工队、民兵共约800人，对驻扎水头祠的保警中队猛烈发起攻击。攻下水头祠后，集中全力围攻溪墘楼。激战至下午3时许，国民党援军赶来，闽粤赣边纵队主动撤回大榕村。此役，有7名战士牺牲。当天晚上，周水亭率残部逃回浮山。溪墘楼战役，虽未全歼守敌，但在政治上和军事上给饶平国民党当局形成极大压力。

饶中游击区在蓬勃发展的同时，争取到了地方进步人士的支持。抗日战争时期建立起来的以学校为阵地的饶中隐蔽基地，坚决贯彻党的统战政策，团结了一批地方进步人士，如樟溪的张国栋、张广实，南四的陈树章、陈庭光，坪溪的刘贞祥等，其中最重要的统战人物是大榕铺村的张竞生。1948年秋，韩支十一团团长许杰和饶中区委副书记陈剑青，亲到张竞生家，与他亲切交谈，鼓励他起来支持革命。张竞生全力支持共产党革命。1949年5月，凤凰山的革命队伍迅速扩大，要武工队征集粮食600担。得知消息，张竞生决定以宗族关系将粮运到大榕铺，再由大榕铺安排民兵连夜送到凤凰；还亲自召集张姓四大村的乡绅，要大家认清形势，支持革命，把公偿钱拿出来购买布匹、布鞋、医药、手电筒等送到解放区。又通过张吉昌到浮滨的"张和兴"商号，邮订《华商报》《文汇报》等香港进步报纸及刊物转到解放区。在他的影响下，浮滨一带普遍建立起"白皮红心"的两面政权，成为游击活动的重要阵地。

三、开辟东界游击区

凤凰解放后，韩江地委（1949年1月，韩东地委改称韩江地委）决定在饶平南部国民党统治中心黄冈以东的东界开辟游击区。1949年初，吴乌森部下杨短手（后改名杨英勇）携械起义。3月，在凤凰成立韩江支队独立大队，代号"天津部"，大队长杨短手，政委陈汉。全大队共50多人枪，分两个排。独立大队成立后，进驻东界大港北山的洞庵岩。闽南云和诏县委西路工作团领导人沈万伍、沈德溪等，闽南部队沈士春均也在东界大埕建立秘密联系点，开展游击活动。

4月9日，天津部与在这一带活动的闽南独立大队，分南北两门攻打所城，获胜后，立即组织群众破开谷仓济贫，并收缴30多支长短枪。武工队则到各村宣传全国形势，号召群众全力支持解放战争，并就地吸收青年参加革命。

所城一役之后，天津部收编了境内的海盗陈猫仔、陈德周等。为了打破国民党对东界交通和经济封锁，天津部决定组织海上部队共30多人，由杨短手和林正昭率领，配备电船一艘、木船三只，活动于柘林湾海面至南澳之间，维持水上交通，保护过往货船。天津部对过往货船抽5%的实物税，以缓解部队给养困难。接着武工队袭击国民党盐警中队（分驻柘林、南任、新村）。天津部抓获盐警中队长后，向他宣讲中国人民解放军的政策，提出约法三章：盐警要严守中立，不得向国民党通风报信，不得欺压群众。数天后，这名中队长将柘林、南任的盐警撤到新村。天津部宣布取消盐税，其他税收也全部废除。

东界游击斗争的蓬勃发展，使喻英奇、洪之政极为震惊。他们即派陈汉英、林孔昭为正副指挥官前来"围剿"。5月27日，韩支和闽南两支独立大队负责人在所城四房祠召开动员大会，号召青壮年组织起来共同抗击国民党军的进攻。6月3日，国民党军300多人分海、陆两路攻进东界。天津部和武工队阻击仗取得胜利，但消耗大批子弹，加上海陆两路被封锁，得不到补充，决定主力撤出东界，留武工队牵制敌人。6月10日，国民党增兵至六七百人，并由福建吴子高营配合，双方在大港乡战斗十分激烈。

6月13日，国民党军第三次进攻，东界各村的群众纷纷拿起武器保卫家园，国民党军见状不战而退。6月22日，国民党军组织第四次进攻，规模达1000多人，拂晓时奔袭大港乡，民兵不明情况只得撤退。中午，天津部在民兵的配合下，退守所城北面。闽南武工队陈拉被等三名队员在战斗中壮烈牺牲。次日拂晓，两支武装队伍和家属160余人撤至诏安境内，在当地民众的帮助下，转移至饶平的冯田。

国民党军队占领东界后，进行报复性的烧杀，杀害民兵、群众30多人，烧毁房屋60多间。更多的民众被拷打、囚禁、勒索"花红款"，当地民众称为"五二七惨案"。东界一役，虽未能建立牢固的基地，但牵制了国民党的兵力，使凤凰根据地更加牢固。在三个月的斗争中，天津部从50多人枪发展成为一支200多人的武装队伍，不久扩编成为第四支队第十四团。

在开辟东界游击区的同时，抗日时期隐蔽在黄冈的中共地下交通站，以及隐蔽在钱东紫云小学的黄秉瑞、黄橱、黄伍等，在汕漳公路两侧村庄建立地下军事组织，配合东界游击斗争，烧毁塔护桥和龙须港。各种游击活动，一直坚持到全县解放。

四、开辟附城游击区

1948 年秋，活动于凤凰北部的第七武工队向东发展至梅峰。同年 9 月，蔡初旭、赵维卓到梅峰北部的大南湖山寮活动，很快在梅峰秘密组织起 32 人的民兵队。10 月 6 日，梅峰民兵配合韩支十一团第十连和武工队奇袭驻石壁的西厢乡公所。同月，以第七武工队为基础成立十三武工队，队长蔡初旭，副队长赵维卓，初步建立梅峰游击基地。

1949 年 1 月，凤凰全境解放后，梅峰成为凤凰解放区的东侧门户。武工队迅速开展武装活动，先占领西厢乡所在的石壁村，接着占领梅峰东面的南淳村，再占领距饶城仅 3.5 千米的乌洋村。西厢成为饶城西北部重要游击区。

4 月下旬，武工队率民兵于饶城北门大造攻城声势，守军惊慌失措。接着，组织民兵袭击驻扎在新楼的陈秉钧部。5 月 26 日，边纵四支队主力攻打浮滨溪墘楼时，武工队集中民兵 100 多人，破晓时登上天保寨，摇旗吹号大造声势，以作牵制。五六月间，武工队力量已发展到饶城近郊的祠堂、田寮一带，东北面进入北厢乡的西坡官田，与上饶田仔山武工队取得联系，并开始袭扰饶城，对饶城开展军事、政治攻势，为解放饶城做准备。

与此同时，对饶城的政治攻势也在悄然展开。饶平县简易师范学校（简称"饶平简师"）校长李芳柏子李家齐和学生曾拔科，在校内发展地下组织。饶平一中赤心友学社的学生邱满、黄志英等，也转到简师参加活动。学生们在城内张贴武工队送来的宣传品，大造解放饶城的声势。国民党饶平县长詹竞烈看到大势已去，于 1949 年 4 月 16 日辞职，带妻子出逃。新任县长洪之政在乘车到饶城途中险些被炸，不敢进入饶城，派亲信洪已任为主任秘书，代行职权。国民党饶平县党部书记长林一经，也请求与武工队谈判，还把两支驳壳枪缴交武工队。饶平县国民党统治阶层加速瓦解，饶平县城解放在即。

第四节　解放饶平全境

一、饶平县工委成立和攻占饶城

1949 年 6 月，闽粤赣边纵队在潮汕、兴梅、闽西、闽南已解放县城 18 座，解放区人口达 600 多万。中共闽粤赣边区党委根据形势，决定撤销韩江地委，成立潮汕地委潮澄饶分委。书记李习楷，副书记许士杰。四支队保留建制，司令员许杰，政委吴健民。此时，饶平境内形成凤凰、上饶两个解放区，附城、河东、河西三片游击区，黄冈、钱东的地下情报组和地下民兵组织。国民党军龟守在饶城、浮山、黄冈、钱东、樟溪等几个孤立据点。

1949 年 6 月，中共饶平县工作委员会（代号平山）在饶中下庵村成立，书记陈义之，委员陈孝乾、陈剑青、李瑞婉、张桐萱、杨玉坤。原饶中区委划为河东（代号文海）、河西（代号文山）两个区委；原十五武工队活动的附城区成立附城区委（代号文峰）。河东区委领导黄冈河以东的游击区，书记杨玉坤（兼），组织委员李长彬，宣传委员陈秀仪。河西区委领导黄冈河以西的游击区，书记李培聪，宣传委员李习业，组织委员李克干。附城区委领导梅峰至附城周围的游击区，书记陈作朝，组织委员赵维卓，宣传委员陈祖顺。新成立中武武工队，队长张文声，副队长黄力民，由县工委直接领导，活动于河东区的大陂、东官、浮山、荔林和河西区的大榕铺一带，主要负责搜集浮山驻军的情报和做策反工作。

为了适应全县游击斗争发展的需要，县工委成立饶平县民兵大队，大队长文长义，教导员李承植。

7月初，闽粤赣边纵队副司令员铁坚率边一团和边七团进入凤凰解放区，与中共潮澄饶分委和第四支队负责人吴健民、许杰、李习楷等，研究解放饶平县城的作战方案。7日晨，边纵主力分两路，边七团主攻县城西、南侧据点，边一团一部进攻塔山和东门据点。边一团主力抢占南关车站，攻占邱氏宅仁公祠后，与边七团会合，攻陷警察局，包围县政府。守军见大势已去，举白旗投降。饶城一役，歼灭国民党保警3个连、3个后备队共300多人。投降的营连级干部3人，缴获重机枪3挺、轻机枪8挺、长短枪400余支，子弹、电台等军用物资一大批。饶平县军事管制委员会宣告成立，军管会主任庄明瑞，副主任陈义之。

10日，边纵部队离开饶城北上，顺途解除了深峻乡的地主武装。上饶其他地方反动武装也陆续被肃清。

上饶地区于8月全境解放后，10月上旬成立上饶区人民政府，赵维卓任区长。区政府在洋较埠圩大溪坝召开全区群众大会，共10000余人参加，热烈庆祝中华人民共和国成立和上饶全境解放。不久，县工委派余仰韩到上饶葵坑乌石楼召开整风会议。会议总结上饶解放以来的各项成绩和存在的问题，开展批评与自我批评，进一步统一思想步调，迎接新的任务。随后，饶平县工委在饶北地区领导广大人民群众开展肃清匪特、减租减息、发展生产、恢复经济的斗争，进一步掀起拥军支前热潮。

二、解放饶城

得悉饶平城被围，国民党三二一师九六二团张光全部会同澄海陈汉英的保警二营、饶平吴大柴的保警一营、吴思义部的第九连，于11日上午向饶城反扑。饶平军管会获讯后迅速撤退。国民党军在饶城抢掠一番之后，撤离饶城。

8月15日，喻英奇任命梁国材为饶平县长，吴大柴为饶平县保安预备团团长。吴大柴将团部移驻浮山，命令林追光一个营留守饶城。林追光只有250人的兵力，只得强派民工筑防御工事负隅抵抗。

饶平县工委、军管会于7月11日主动撤出县城后，移驻梅峰基地，一方面发动群众，推行"二五减租"，征收粮食，掀起迎军支前的热潮；一方面加紧扩大游击区，包围孤立饶平县城。县工委在梅峰设立平山情报交通总站，站长林向仁，负责掌握敌情，开展对敌斗争。与此同时，潮汕地委潮澄饶分委根据华南分局指示，加紧做好迎军支前和接管城市的准备，于8月在梅峰成立饶平县迎军支前动员委员会。

9 月 25 日，困守孤城的林追光部率部乘夜撤至浮山。26 日，饶平县军管会及附城区各武工队进饶城接管。28 日，国民党胡琏部 500 余人窜至饶平县城。四支队十四团及西石民兵在飞龙径伏击，毙伤 53 人，俘 43 人。

10 月 6 日，胡琏部全部退出饶平县境。饶平县工委、饶平县军管会和闽粤赣边纵队第四支队第十四团进入饶平县城，在军管会主任陈义之、副主任余仰韩领导下全面进行接管工作。

同时，附城区委率全体武工、政工人员进入饶城，成立了附城区人民政府，区长陈作朝。区政府成立后着手安定社会秩序、恢复生产和肃清残余反动势力的工作。

三、饶中地区的艰苦斗争

1949 年秋，饶中游击区的斗争仍十分激烈。7 月 27 日，驻区北（今联饶镇）的吴思义部袭击南四武工队，放火烧毁武工队副队长陈廷光、队员陈通的房屋。8 月 11 日，南四武工队配合十四团青岛连袭击驻长彬乡的南四乡公所，就地处决反动乡长。

同年 7 月下旬，驻浮山的吴大柴部刑警队长江永业率四名刑警队员投诚。刑警队副队长郭铁佛于 8 月中旬带队袭击十二排下庵游击基地。中武武工队奉中共饶平县工委命令，摸清郭的行踪，成功将其击毙，使吴大柴大为震惊。

9月18日，吴大柴被喻英奇任命为饶平县保安预备团团长，获得胡琏残部一批枪支弹药，遂在浮山建立团部，加紧勒索各乡钱粮，四处招兵买马，收罗各地散兵游勇，加固浮山周围工事。这时，吴部增至1000人左右，装备有82型小炮1门、重机枪4挺、轻机枪15挺、步枪近1000支，企图以浮山至渔村一带为基地负隅反抗。9月中旬至10月间，吴部连续对饶中游击区进行全面的进攻，大肆烧杀抢掠。驻浮山周围的张猪牯、林汉如、余乌鼻等部也联合出击，一连三天进扰中武驻地大陂。中武撤上望坑篮峰一带，南四武工队撤到下蔡、渔村。吴思义部又追踪到渔村。

在吴大柴疯狂进攻饶中区期间，各武工队和人民群众团结一致，坚持斗争。吴思义部"进剿"渔村时，群众趁夜冒雨护送16名伤病员转移北坑。北坑民兵队长陈成宗，率领民兵在坪上村山窝里搭了两座草寮作为临时医院。

四、肃清残敌，全境解放

1949年10月上旬，在潮汕的国民党喻英奇部奉命撤离潮汕。洪之政接任绥靖公署第一挺进队司令兼第五专员公署专员。洪之政知道局势已危，任命陈汉英为"广州绥靖第一挺进队代司令"，自己逃往香港。迫于形势，陈汉英与闽粤赣边纵队第四支队谈判，接受改编。其部属吴大柴却把武器分散埋藏，于11月21日在黄冈打出"中国反共救国军"的旗号，并派人到诏安与反共分子沈焕奎和海盗吴木水、周空心密约配合，妄图垂死挣扎。

11月30日，中共潮汕地委书记兼军分区政委朱曼平，军分区司令员铁坚在汕头召开军事会议，部署"打吴"行动。12月5日，潮汕军分区部队由铁坚司令员率领，分三路进剿吴大柴部。一路由五团从樟东推进钱东，以防吴大柴向西逃窜；一路由新一团沿潮澄饶边界直趋饶中的欧阳山，进占浮山西面前沿；一路由边纵一团和边纵一支队的二、七团联合组成，从潮安经文祠、凤凰、饶城至东山，从东面夹击。吴大柴在浮山、大陂、渔村等的据点，一触即溃，遂率残部向诏安东桥溃逃，并由宫口乘船逃至南澳。

12月10日，以边一团为主，会合一支的二、七团和四支十四团进攻黄冈守敌。部队由河东区各武工队和黄冈地下情报组人员担任向导，兵分两路从黄冈河边和石壁庵山进军包围黄冈守敌。战斗很快结束，黄冈解放。接着，分兵解放洪洲、钱东和东界。边纵一团驻防黄冈、东界、洪洲，并作渡海作战准备。

1950年元旦，饶平县人民政府成立，县长陈君霸。这时饶平全境仅存海山岛尚待解放。同年1月初，中国人民解放军第四野战军一二一师三九〇团一个营，在潮汕军分区部队和边纵一团的配合下，组织解放海山岛。人民解放军从洪洲和柘林发起进攻。洪洲方面，军分区一个连乘船在坂上村登陆，过美宅渡，登上田打宫，截断欧东达至黄隆通道。三九〇团一个连则抢占达南后山及东港后头高地，控制欧东达一带。另一个连在坂上登陆后，即包围蔡厝盐警所，俘盐警四人，并抢占望下山，控制打断港。司令部机动连乘胜进驻蓬莱村。另一路由边纵一团一部和十四团的天津连组成，由柘林出发，在海山东港东石宫登陆，消灭余乌鼻部。国民党驻军吴木水、李铭康部200多人闻风逃往南澳。9日，海山全岛解放。

至此，饶平全境宣告解放。1950年1月28日，中共饶平县工委改为中共饶平县委，书记陈义之，副书记余仰韩，组织部长邱逸群，副部长李瑞婉，宣传部长张桐萱，委员陈君霸、陈剑青、刘锡臣、杨昭龄。

饶平县人民在中国共产党领导下，完成了新民主主义革命的任务。

解放战争时期中共饶平县组织系统简表

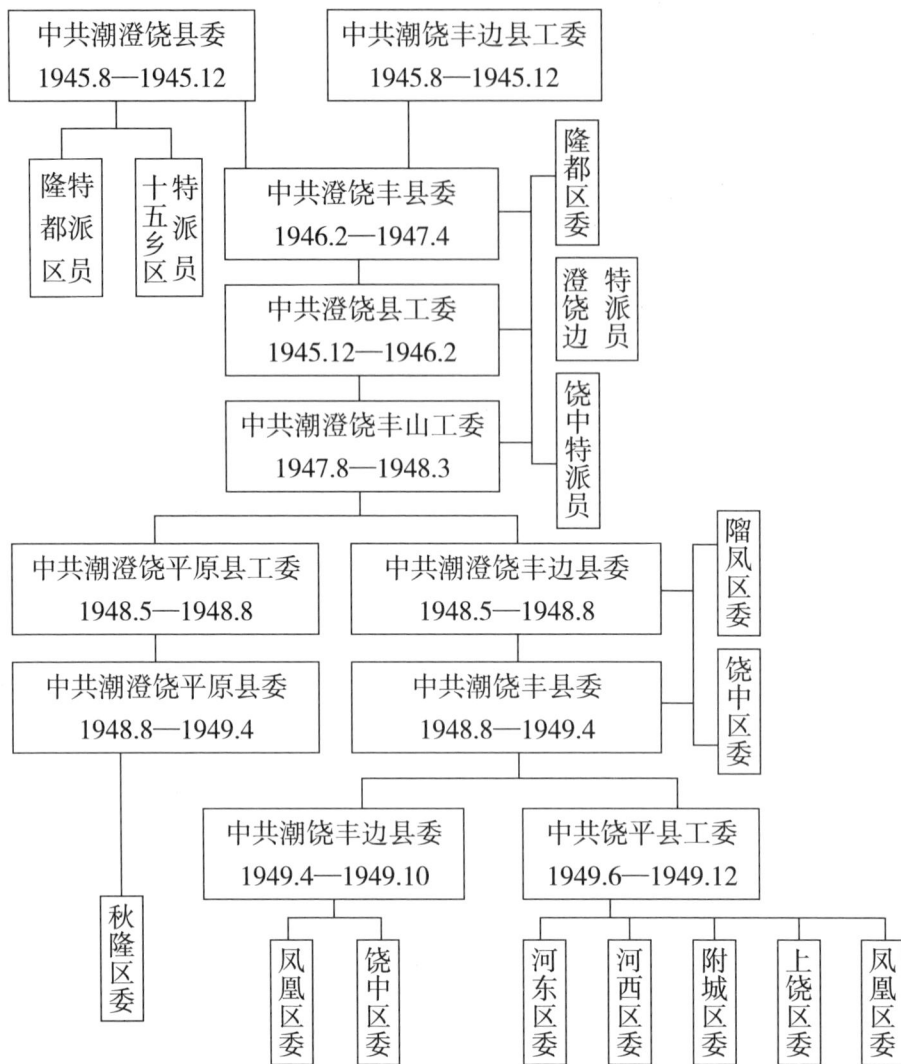

```
┌──────────────────┐        ┌──────────────────┐
│  中共潮澄饶县委    │        │  中共潮饶丰边县工委  │
│  1945.8—1945.12  │        │  1945.8—1945.12  │
└──────────────────┘        └──────────────────┘
       │                                            ┌──────┐
  ┌────┴────┐      ┌──────────────────┐             │隆都区委│
  │         │      │  中共澄饶丰县委    │─────────────└──────┘
┌────┐  ┌────┐     │  1946.2—1947.4   │             ┌──────┐
│隆特 │  │十特 │    └──────────────────┘             │澄  特│
│都派 │  │五派 │            │                       │饶  派│
│区员 │  │乡区 │     ┌──────────────────┐            │边  员│
└────┘  │  员 │     │  中共澄饶县工委    │────────────└──────┘
        └────┘     │  1945.12—1946.2  │             ┌──────┐
                   └──────────────────┘             │饶中特│
                          │                         │派  员│
                   ┌──────────────────┐             └──────┘
                   │  中共潮澄饶丰山工委  │────────────────┘
                   │  1947.8—1948.3   │
                   └──────────────────┘
         ┌─────────────────┴──────────────────┐              ┌──────┐
┌──────────────────┐              ┌──────────────────┐        │隘凤区委│
│ 中共潮澄饶平原县工委 │              │  中共潮澄饶丰边县委  │────────└──────┘
│  1948.5—1948.8   │              │  1948.5—1948.8   │        ┌──────┐
└──────────────────┘              └──────────────────┘        │饶中区委│
         │                                 │                 └──────┘
┌──────────────────┐              ┌──────────────────┐
│  中共潮澄饶平原县委  │              │   中共潮饶丰县委    │
│  1948.8—1949.4   │              │  1948.8—1949.4   │
└──────────────────┘              └──────────────────┘
         │                ┌──────────────┴──────────────┐
      ┌──────┐   ┌──────────────────┐        ┌──────────────────┐
      │秋隆区委│   │  中共潮饶丰边县委   │        │   中共饶平县工委    │
      └──────┘   │  1949.4—1949.10  │        │  1949.6—1949.12  │
                 └──────────────────┘        └──────────────────┘
                      ┌────┴────┐      ┌────┬────┬────┬────┬────┐
                   ┌────┐  ┌────┐   ┌────┐┌────┐┌────┐┌────┐┌────┐
                   │凤凰 │  │饶中 │   │河东 ││河西 ││附城 ││上饶 ││凤凰 │
                   │区委 │  │区委 │   │区委 ││区委 ││区委 ││区委 ││区委 │
                   └────┘  └────┘   └────┘└────┘└────┘└────┘└────┘
```

解放战争时期中共饶平县组织系统简表（续）

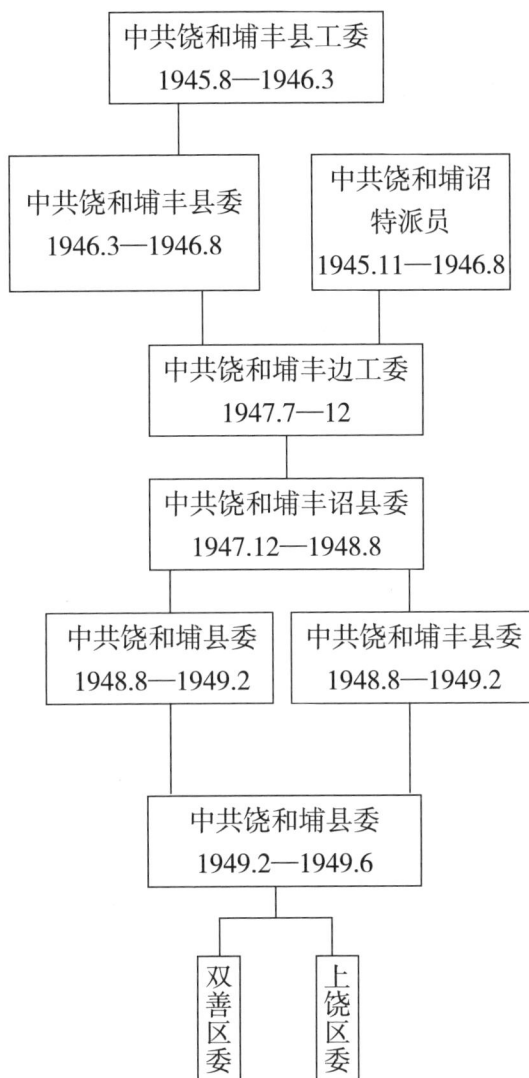

```
        中共饶和埔丰县工委
         1945.8—1946.3

   中共饶和埔丰县委      中共饶和埔诏
   1946.3—1946.8         特派员
                      1945.11—1946.8

        中共饶和埔丰边工委
          1947.7—12

        中共饶和埔丰诏县委
         1947.12—1948.8

   中共饶和埔县委      中共饶和埔丰县委
   1948.8—1949.2       1948.8—1949.2

        中共饶和埔县委
         1949.2—1949.6

      双善区委      上饶区委
```

109

后 记

　　为积极做好饶平县红色文化资源的挖掘整理和保护利用，展示红色精神的恒久魅力，认真落实中共广东省委党史研究室、广东人民出版社联合组织出版广东中央苏区革命简史丛书的工作，我们编写了《广东中央苏区饶平革命简史》。作为广东中央苏区革命简史丛书之一，该书记载了新民主主义革命时期，中共饶平地方组织坚持贯彻上级党组织的指示精神，团结和带领饶平人民进行艰苦奋斗，取得革命胜利的历史。该书对宣传饶平中央苏区历史，传承红色基因，弘扬红色文化，具有十分重要的现实意义。

　　《广东中央苏区饶平革命简史》以《中国共产党广东省饶平县历史（第一卷）》为依据。在整理过程中，我们始终坚持以马克思列宁主义、毛泽东思想、邓小平理论、"三个代表"重要思想、科学发展观、习近平新时代中国特色社会主义思想为指导，吸收党史研究新成果，按照准确、精练的总要求，坚持做到既充分反映各个时期饶平革命历史，又详略得当，突出地方特点。

全书分大革命时期、土地革命战争时期、全民族抗日战争时期和解放战争时期四章。林汉利负责编写前言、第一章、第二章等部分，王树标负责编写第三、四章及后记，全书由林汉利负责统稿。

由于时间紧，难免出现缺点错漏，敬请读者批评指正。

编 者

2021 年 3 月